Prefácio

Este livro é prático, focado em resultados, e não busca envolver-se em discussões filosóficas intermináveis; é um guia prático, não um tratado teórico. Destina-se aos homens e mulheres que têm uma necessidade imediata de dinheiro, àqueles que desejam enriquecer primeiro e ponderar filosofias depois. É para aqueles que, até agora, não tiveram tempo, meios ou oportunidade para mergulhar no estudo profundo da metafísica, mas que estão ávidos por resultados e dispostos a agir com base nas conclusões, sem necessariamente entender todos os processos pelos quais essas conclusões foram alcançadas.

Espera-se que o leitor aceite os princípios deste livro com a mesma confiança que aceitaria as afirmações sobre uma lei de ação.

Ao aceitar esses princípios, a expectativa é que o leitor os comprove através da ação, sem hesitação. Qualquer pessoa que faça isso com determinação certamente alcançará a riqueza, pois a ciência aplicada aqui é precisa, e o fracasso é praticamente impossível.

Para aqueles que desejam uma base lógica para sua fé e buscam investigar teorias filosóficas, este livro também cita algumas autoridades relevantes. A teoria monística do universo,
postula que "Um é Tudo, e Tudo é Um".

Essa única substância se manifesta como os diversos elementos do mundo material. Essa ideia, base de filosofias orientais, gradualmente influenciou pensadores ocidentais

Ao escrever este livro, abdiquei de todas as considerações em prol da simplicidade de estilo, garantindo que todos possam compreender. O plano de ação delineado nestas páginas foi deduzido a partir de conclusões; foi exaustivamente testado e suporta o teste supremo da experiência prática; funciona. Se você quiser saber como chegaram a essas conclusões, leia os escritos mencionados acima; e se desejar colher os frutos de suas filosofias na prática, leia este livro e siga exatamente o que ele orienta...

O DIREITO DE SER RICO

Independentemente do que se possa dizer em louvor à pobreza, a realidade persiste: não é possível viver uma vida verdadeiramente completa ou bem-sucedida sem prosperidade financeira. Nenhum indivíduo pode alcançar sua máxima potência em talento ou no desenvolvimento da alma sem ter recursos substanciais. Para desdobrar a alma e cultivar o talento, é necessário possuir diversas coisas, e isso só é possível através do dinheiro.

O ser humano se desenvolve em mente, alma e corpo utilizando recursos materiais, e a sociedade está estruturada de forma a exigir a posse de bens financeiros para adquirir esses recursos. Portanto, a base de todo progresso para o ser humano deve ser a compreensão da prosperidade financeira.

O objetivo intrínseco de toda vida é o desenvolvimento, e cada vida possui um direito inalienável a todo desenvolvimento do qual seja capaz de atingir. O direito à vida implica o acesso livre e uso irrestrito de todas as coisas que possam ser necessárias para o desenvolvimento completo, seja mental, espiritual ou físico; em outras palavras, o direito de ser rico.

Neste livro, evitarei falar de riqueza de maneira figurada; ser verdadeiramente rico não implica estar satisfeito ou contente com pouco. Nenhum indivíduo deveria se contentar com menos se tiver a capacidade de utilizar e desfrutar de mais. O propósito fundamental da Natureza é promover o avanço e desenvolvimento da vida; e todo ser humano deveria ter tudo o que contribui para o poder, elegância, beleza e riqueza da vida. Contentar-se com menos é, portanto, considerado pecaminoso.

O homem que possui tudo o que deseja para viver toda a vida que é capaz de viver é verdadeiramente rico; e nenhum indivíduo que não possua recursos suficientes pode ter tudo o que almeja. A vida evoluiu até este ponto e tornou-se tão complexa que mesmo o homem ou mulher mais comum requer uma quantia substancial de riqueza para viver de maneira que se aproxime da completude. Cada pessoa naturalmente quer se tornar tudo o que é capaz de se tornar; esse desejo de realizar as possibilidades inatas é inerente à natureza humana

Não podemos deixar de querer ser tudo o que podemos ser.

O sucesso na vida é tornar-se o que você quer ser; você pode se tornar o que quiser ser apenas fazendo uso das coisas, e pode ter o uso de coisas somente quando ficar rico o suficiente para comprá-las.

Portanto, compreender o segredo da riqueza é o conhecimento mais essencial de todos.

Não há nada de errado em querer ficar rico. O desejo de riqueza é, na verdade, o desejo de um mundo mais rico, mais completo e mais abundante; e esse desejo é digno de louvor. O homem que não deseja viver mais abundantemente é anormal, e, portanto, o homem que não deseja ter dinheiro suficiente para comprar tudo o que deseja também é anormal.

Existem três motivos pelos quais vivemos; vivemos para o corpo, vivemos para a mente, vivemos para a alma. Nenhum desses é melhor ou mais sagrado que o outro; todos são igualmente desejáveis, e nenhum dos três - corpo, mente ou alma - pode viver plenamente se qualquer um dos outros for privado de vida e expressão plenas. Não é certo ou nobre viver apenas para a alma e negar a mente ou o corpo; assim como é errado viver para o intelecto e negar o corpo ou a alma.

Todos conhecemos as consequências repugnantes de viver apenas para o corpo e negar a mente e a alma; e vemos que a vida real significa a expressão completa de tudo o que o homem pode dar através do corpo, mente e alma. O homem não pode ser verdadeiramente feliz ou satisfeito a menos que seu corpo viva plenamente em todas as funções, assim como o mesmo é verdadeiro para sua mente e sua alma.

Onde quer que haja uma possibilidade não expressa ou uma função não realizada, há um desejo insatisfeito. Desejo é a possibilidade buscando expressão ou a função buscando desempenho.

O homem não pode viver plenamente no corpo sem boa alimentação, roupas confortáveis e abrigo quente; e sem liberdade do trabalho excessivo.

Descanso e recreação também são necessários para sua vida próspera

Ele não pode viver plenamente sem livros e tempo para estudar deles, sem oportunidade de viajar e observar, ou sem companhia intelectual. Para viver plenamente, ele deve ter recreações intelectuais e deve cercar-se de todos os objetos de arte e beleza que é capaz de usar e apreciar.

Para viver plenamente na alma, o homem deve ter amor; e o amor é negado expressão pela pobreza.

A maior felicidade de um homem é encontrada na concessão de benefícios para aqueles que ele ama; o amor encontra seu aspecto mais natural e expressão espontânea na doação. O homem que não tem nada a dar não pode ocupar seu lugar como marido ou pai, como cidadão, ou como um homem.

É no uso das coisas materiais que o homem encontra a vida plena para seu corpo, desenvolve sua mente e desdobra sua alma. Portanto, é de suprema importância para ele que ele seja rico.

É perfeitamente certo que você deseje ser rico; se você é um homem ou uma mulher normal, você não pode deixar de fazê-lo. É perfeitamente certo que você deve dar sua melhor atenção ao Segredo da Riqueza, pois é a mais nobre e necessária.

Se você negligenciar este estudo, estará negligenciando seu dever para consigo mesmo, para com Deus e a humanidade; pois aproveitar ao máximo a si mesmo é um serviço valioso a Deus e à humanidade.

Existe um segredo da riqueza?

Existe um segredo para enriquecer, e é uma ciência exata, como álgebra ou aritmética. Certas leis regem o processo de aquisição de riquezas; uma vez que essas leis sejam aprendidas e obedecidas por qualquer homem, ele ficará rico com certeza matemática.

A propriedade de dinheiro e bens surge como resultado de fazer as coisas de uma determinada maneira; aqueles que fazem as coisas dessa maneira, seja de forma intencional ou acidental, ficam ricos, enquanto aqueles que não o fazem, não importa o quão duro trabalhem ou quão capazes sejam, permanecem pobres.

É uma lei natural que causas semelhantes sempre produzem efeitos semelhantes; e, portanto, qualquer homem ou mulher que aprenda a fazer as coisas dessa maneira ficará infalivelmente rico.

A veracidade dessa afirmação é demonstrada pelos seguintes fatos:

- Ficar rico não é uma questão de ambiente, pois, se fosse, todas as pessoas de certos bairros ficariam ricas.
- As pessoas de uma cidade seriam todas ricas, enquanto as de outras cidades seriam todas pobres
- Os habitantes de um estado entrariam na riqueza, enquanto aqueles de um estado vizinho estariam na pobreza.

Mas em todos os lugares vemos ricos e pobres vivendo lado a lado, no mesmo ambiente e frequentemente envolvidos nas mesmas vocações.

Quando dois homens estão na mesma localidade e no mesmo negócio, e um fica rico enquanto o outro permanece pobre, mostra que ficar rico não é principalmente uma questão de ambiente.

Alguns ambientes podem ser mais favoráveis do que outros, mas quando dois homens no mesmo negócio estão na mesma vizinhança, e um fica rico enquanto o outro fracassa, isso indica que ficar rico é o resultado de fazer as coisas de uma certa maneira.

Além disso, a capacidade de fazer as coisas dessa maneira não é devido unicamente à posse de talento, pois muitas pessoas que têm grandes talentos permanecem pobres, enquanto outras que têm muito pouco talento ficam ricas.

Estudando as pessoas que enriqueceram, descobrimos que elas são um lote mediano em todos os aspectos, não tendo maiores talentos e habilidades do que outros homens. É evidente que elas não ficam ricas porque possuem talentos e habilidades que outros homens não têm, mas porque acontece que fazem as coisas de uma certa maneira.

Ficar rico não é resultado de poupança ou "economia"; muitas pessoas mesquinhas são pobres, enquanto gastadores frequentemente enriquecem. Nem ficar rico por fazer coisas que outros não conseguem fazer; pois dois homens no mesmo negócio muitas vezes fazem quase exatamente as mesmas coisas, e um fica rico enquanto o outro permanece pobre ou fica falido.

De todas essas observações, devemos concluir que ficar rico é o resultado de fazer as coisas de uma certa maneira. Se ficar rico é o resultado de fazer as coisas de uma certa maneira, e se causas semelhantes sempre produzem efeitos semelhantes, então qualquer homem ou mulher que consiga fazer as coisas dessa maneira pode ficar rico.

A pergunta que surge aqui é se este caminho certo não pode ser tão difícil que apenas alguns poderão segui-lo.

Isso não pode ser verdade, como vimos, no que diz respeito à habilidade natural. Pessoas talentosas e pessoas menos dotadas ficam ricas; pessoas intelectualmente brilhantes e pessoas muito estúpidas ficam ricas; pessoas fisicamente fortes e pessoas fracas e doentes ficam ricas. Algum grau de capacidade de pensar e compreender é, obviamente, essencial; mas no que diz respeito à capacidade natural, qualquer homem ou mulher que tenha bom senso suficiente para ler e entender estas palavras certamente pode enriquecer.

Além disso, vimos que não é uma questão de meio ambiente. A localização conta para alguma coisa; ninguém iria ao coração do Saara e esperaria fazer negócios de sucesso.

Ficar rico envolve a necessidade de lidar com os homens e de estar onde há pessoas com quem lidar; e se essas pessoas estão inclinadas a lidar da maneira que você deseja, tanto melhor. Mas isso não é ficar rico.

O meio ambiente não é uma barreira intransponível, pois se alguém em sua cidade pode ficar rico, você também pode; e se qualquer outra pessoa em seu estado pode ficar rica, você também pode.

Não se trata de escolher um negócio ou profissão específicos. As pessoas enriquecem em todos os setores e profissões, enquanto seus vizinhos na mesma área permanecem na pobreza.

É verdade que você se sairá melhor em um negócio que lhe agrada e que é adequado para você.

Se você tem talentos específicos bem desenvolvidos, terá melhor desempenho em um negócio que exige o uso desses talentos.

Além disso, o sucesso também depende da adequação do negócio à sua localidade; por exemplo, uma sorveteria terá melhor desempenho em um clima quente do que na Groelândia, e a pesca do atum será mais bem-sucedida no litoral do que no centro-oeste , onde não há atum.

No entanto, além dessas considerações gerais, ficar rico não depende do envolvimento em um negócio específico, mas sim de aprender a fazer as coisas de uma certa maneira. Se você está atualmente no mesmo ramo que outras pessoas em sua região e elas estão enriquecendo enquanto você não, é porque você não está fazendo as coisas da mesma maneira que elas.

Ninguém está impedido de enriquecer por falta de capital. Embora seja verdade que ter capital facilite e acelere o processo, aqueles que já têm capital são considerados ricos. Não importa quão pobre você seja, se começar a fazer as coisas da maneira certa, começará a enriquecer e, consequentemente, a acumular capital.

Mesmo sendo a pessoa mais pobre da sua cidade, afundada em dívidas, sem amigos, influência ou recursos, se começar a seguir o caminho certo, inevitavelmente começará a ficar rico.

Exatamente! Se não tem capital, pode adquiri-lo; se estiver no negócio errado, pode mudar para o negócio certo; se estiver no local errado, pode ir para o local certo. Tudo isso pode ser alcançado começando no seu atual empreendimento e na sua localização atual, fazendo as coisas da maneira certa que leva ao sucesso.

A ideia fundamental é que, ao seguir o caminho certo e aplicar os princípios certos, é possível superar quaisquer obstáculos e alcançar o enriquecimento.

Fazer as coisas de uma certa maneira, baseada nas leis que governam o processo de aquisição de riquezas, é a chave para alcançar o sucesso financeiro.

A Oportunidade é Monopolizada?

Ninguém permanece na pobreza porque lhe foi tirada a oportunidade; é mais porque algumas pessoas monopolizaram a riqueza e a mantêm inacessível para outros. É possível que você seja impedido de entrar em certos setores de negócios, mas sempre há outras opções disponíveis. Talvez seja difícil conquistar o controle de grandes sistemas de transporte marítimo, já que esse mercado é altamente monopolizado.

No entanto, os processos de importação e exportação ainda está em seus estágios iniciais e oferece diversas oportunidades de empreendimento.

É verdade que, se você for um operário em uma empresa siderúrgica, terá poucas chances de se tornar proprietário da fábrica onde trabalha. No entanto, se você começar a agir de maneira estratégica, logo poderá mudar sua situação. Por exemplo, você pode optar por deixar o emprego atual e investir em seu próprio empreendimento. Atualmente, existem ótimas oportunidades para fazer.

Essas oportunidades podem parecer fora de alcance, mas vou lhe mostrar que não é impossível começar sua empresa, desde que você siga uma abordagem específica e trabalhe arduamente para alcançar seus objetivos.

Em diferentes momentos, as oportunidades seguem caminhos distintos, em sintonia com as demandas da sociedade e o estágio específico de sua evolução.

Há abundantes oportunidades para aqueles que optam por seguir o fluxo, em vez de resistir a ele.

A classe trabalhadora tem o potencial de ascender à classe dominante assim que começar a adotar determinadas práticas; os princípios de geração de riqueza são os mesmos para eles e para qualquer outra pessoa.

Essa é uma lição que precisam internalizar; sua posição só mudará quando mudarem suas ações.

No entanto, o trabalhador individual não está limitado pela mentalidade ou inércia de sua classe; ele pode aproveitar as oportunidades rumo à riqueza e este guia o orientará nesse processo.

A falta de riqueza não é o motivo da pobreza de ninguém; há recursos em abundância para todos.

A disponibilidade tangível é praticamente infinita; e a provisão invisível é verdadeiramente inesgotável.

Tudo o que se vê na Terra é composto de uma substância primordial, da qual todas as coisas se originam.

Portanto, ninguém é pobre porque a natureza é escassa ou porque há falta de recursos para todos.

A natureza é um reservatório interminável de riquezas; a oferta nunca será escassa.

Isso é válido para a humanidade como um todo; coletivamente, ela é sempre abundantemente rica, e se alguns indivíduos são pobres, é porque não seguem o caminho correto para alcançar a riqueza.

É o ímpeto natural e intrínseco da vida buscar uma existência mais ampla; é a propensão da inteligência expandir-se e da consciência buscar ampliar seus horizontes e encontrar uma expressão mais completa.

O universo é uma vasta Presença Viva, constantemente avançando rumo a mais vida e a uma operação mais plena por sua própria natureza.

A natureza foi projetada para o progresso da vida; seu impulso subjacente é a promoção da vida. Por essa razão, tudo o que pode promover a vida é abundantemente fornecido; não pode haver escassez, a menos que Deus contradiga e anule Suas próprias obras.

Você não permanece na pobreza devido à falta de recursos; é um fato que provarei mais adiante que até mesmo os recursos ao alcance do homem ou da mulher estão sujeitos àqueles que agem e pensam de uma Maneira Certa.

O Primeiro Princípio da Riqueza

O PENSAMENTO é a única força capaz de materializar riquezas tangíveis a partir da Imaginação Sem Forma.

A substância primordial de todas as coisas é uma Imaginação que pensa, e um pensamento moldado nesta substância produz uma forma.

A Imaginação Original responde aos seus pensamentos; cada forma e processo que testemunhamos na natureza é a manifestação visível de um pensamento na Imaginação Original.

Conforme a Matéria Sem Forma concebe uma forma, ela se transforma nessa forma; ao conceber um movimento, ela executa esse movimento. Foi dessa maneira que todas as coisas vieram à existência.

Nós habitamos um universo de pensamento, inserido em um mundo de pensamento.

Todo pensamento moldado na Imaginação Pensante resulta na criação de uma forma, mas geralmente, ao longo de linhas de crescimento e ação já estabelecidas.

O pensamento de uma casa de uma determinada construção, se fosse impresso na Imaginação Sem Forma, talvez não produzisse instantaneamente a casa; no entanto, direcionaria as energias criativas já em ação no comércio e na indústria para canais que levariam à rápida edificação da casa.

"Nenhum pensamento de forma pode ser concebido na Imaginação Original sem resultar na criação dessa forma."

"O ser humano é um centro de pensamento e tem o poder de originar pensamentos."

"Todas as formas que o ser humano molda com as mãos devem primeiro existir em sua mente; ele não pode moldar algo até que tenha concebido essa coisa."

Até o momento, o ser humano tem limitado seus esforços principalmente ao trabalho manual; ele tem aplicado seu trabalho às formas já existentes, buscando modificá-las ou adaptá-las. Ele nunca considerou a ideia de provocar a criação de novas formas ao imprimir seus pensamentos na Imaginação Sem Forma.

Quando o ser humano tem uma forma-pensamento, ele extrai material das formas existentes na natureza e cria uma representação física da forma que está em sua mente.

Até agora, ele fez pouco ou nenhum esforço para cooperar com a Inteligência Sem Forma; para trabalhar "com o Pai". Ele não considerou a possibilidade de "fazer o que vê o Pai fazer".

O ser humano remodela e modifica as formas existentes por meio do trabalho manual; ele não refletiu sobre a possibilidade de produzir coisas a partir da Imaginação Sem Forma, transmitindo seus pensamentos a ela. Propomos demonstrar que ele pode fazê-lo; demonstrar que qualquer homem ou mulher pode fazê-lo e mostrar como. Como primeiro passo, devemos estabelecer três proposições fundamentais.

Em primeiro lugar, afirmamos que existe uma matéria ou Imaginação Sem Forma original, da qual todas as coisas são feitas. Todos os aparentemente diversos elementos são apenas diferentes manifestações de um único elemento; todas as diversas formas encontradas na natureza orgânica e inorgânica são apenas variações feitas da mesma matéria.

E essa coisa é pensamento; um pensamento contido nela produz a forma do pensamento.

O pensamento, na substância pensante, produz formas. O ser humano é um centro pensante, capaz de pensamentos originais; se o ser humano puder

Comunicar seu pensamento à Imaginação Pensante Original pode resultar na criação ou formação daquilo em que se pensa. Em suma: Existe uma substância pensante da qual todas as coisas são feitas, e que, em seu estado original, permeia, penetra e preenche os interstícios do universo. Um pensamento nessa substância produz o que é imaginado pelo pensamento.

O ser humano pode conceber coisas em sua mente e, ao imprimir seu pensamento em uma Imaginação sem forma, pode fazer com que aquilo em que pensa seja criado.

Alguém pode questionar se posso provar essas afirmações; e sem entrar em detalhes, afirmo que posso, tanto pela lógica quanto pela experiência.

A partir dos fenômenos da forma e do pensamento, chego a uma substância pensante original; e, partindo dessa substância pensante, chego ao poder do ser humano de causar a formação daquilo em que ele pensa. E pela experiência, considero esse raciocínio verdadeiro; e esta é minha prova mais forte.

Se um indivíduo que lê este livro enriquece fazendo o que ele diz para fazer, isso é uma evidência que apoia minha afirmação; mas se todo indivíduo que segue as instruções enriquece, isso é uma prova positiva até que alguém passe pelo processo e falhe. A teoria é verdadeira até que o processo falhe; e este processo não falhará, pois todo indivíduo que seguir exatamente o que este livro diz para fazer ficará rico.

Eu disse que os indivíduos enriquecem fazendo as coisas de uma certa maneira; e para fazer isso, eles devem ser capazes de pensar de uma maneira específica. A maneira como um indivíduo faz as coisas é o resultado direto de como ele pensa sobre elas.

Para fazer as coisas da maneira que você deseja, você terá que adquirir a capacidade de pensar da maneira que você deseja é o primeiro passo para alcançar a riqueza.

Pensar o que você deseja pensar é pensar na VERDADE, independentemente das aparências.

É fácil pensar de acordo com as aparências; porém, pensar na verdade, independentemente das aparências, é árduo e requer um gasto de energia maior do que qualquer outro trabalho que o ser humano seja chamado a realizar.

Não há trabalho que faça a maioria das pessoas recuar como o pensamento sustentado e contínuo; é o trabalho mais desafiador do mundo.

Esse desafio é particularmente intenso quando a verdade contradiz as aparências. Cada manifestação no mundo visível tende a gerar uma forma correspondente na mente que a observa; e isso só pode ser evitado mantendo o pensamento da VERDADE. Observar a aparência da doença resultará na formação da doença em sua própria mente e, eventualmente, em seu corpo, a menos que você mantenha o pensamento da verdade, que é que não há doença; ela é apenas uma aparência e a realidade é a saúde.

Contemplar as aparências da pobreza gerará formas correspondentes em sua própria mente, a menos que você se agarre à verdade de que não há pobreza; só existe abundância. Pensar na saúde quando cercado por aparências de doença, ou pensar em riqueza quando em meio a aparências de pobreza, requer poder; no entanto, aquele que adquire esse poder torna-se um MESTRE. Ele pode controlar o destino; ele pode ter o que desejar.

Esse poder só pode ser adquirido através da compreensão do fato fundamental que está por trás de todas as aparências; e esse fato é que existe uma Imaginação Pensante, da qual e pela qual todas as coisas são feitas.

Então, devemos compreender a verdade de que todo pensamento contido nesta Imaginação se torna uma forma, e que podemos imprimir nela nossos pensamentos de tal maneira que os façam tomar forma e se tornarem coisas visíveis.

Quando percebemos isso, perdemos todas as dúvidas e medos, pois sabemos que podemos criar o que queremos criar; podemos alcançar o que queremos e nos tornar o que queremos ser.

Como primeiro passo para alcançar a riqueza, você deve acreditar nas três afirmações fundamentais dadas anteriormente neste capítulo; e para enfatizá-las, repito-as aqui: Existe uma matéria pensante da qual todas as coisas são feitas e que, em seu estado original, permeia, penetra e preenche os intervalos do universo.

Um pensamento, nesta substância, produz aquilo que é imaginado pelo pensamento.

O homem pode formar coisas em seu pensamento e, ao imprimir seu pensamento em uma substância informe, pode fazer com que aquilo em que ele pensa seja criado.

Você deve deixar de lado todos os outros conceitos do universo além deste monista; e você deve insistir nisso até que esteja fixado em sua mente e se torne seu.

Leia estas declarações de credo repetidas vezes; fixe cada palavra em sua memória e medite nelas até acreditar firmemente no que elas dizem. Se surgir uma dúvida, deixe-a de lado como pecado.

Não dê ouvidos aos argumentos contra esta ideia; não frequente igrejas ou palestras onde um conceito contrário das coisas é ensinado ou pregado.

Não leia revistas ou livros que ensinem uma ideia diferente; se você se confundir em sua fé, todos os seus esforços serão em vão.

Não pergunte por que essas coisas são verdadeiras, nem especule sobre como podem ser verdadeiras; simplesmente confie nelas.

O segredo para alcançar a riqueza começa com a aceitação absoluta desta fé.

Aumentando a Vida

Você deve abandonar completamente a antiga ideia de que existe uma divindade que deseja que você seja pobre, ou cujos desígnios são alcançados mantendo-o na pobreza. A Imaginação Inteligente, que permeia tudo e está presente em tudo, e que habita em você, é uma Substância Viva e Consciente.

Todo ser vivo busca incessantemente expandir sua vida, pois a vida, pelo simples ato de existir, tende a se multiplicar. Uma semente, ao ser plantada, entra em atividade e, ao viver, gera mais cem sementes; a vida se multiplica enquanto vive. Está sempre em processo de crescimento; deve ser assim para continuar sendo.

A inteligência segue essa mesma necessidade de crescimento contínuo.

Cada pensamento que temos nos leva a ter outro pensamento; a consciência está em constante expansão. Cada fato que aprendemos nos leva a aprender outro fato; o conhecimento está em constante aumento.

Cada talento que desenvolvemos nos instiga a desenvolver outro talento; estamos sujeitos ao impulso da vida em busca de expressão, o que nos leva a saber mais, fazer mais e ser mais.

Para saber mais, fazer mais e ser mais, precisamos ter mais; devemos possuir coisas para usar, pois aprendemos, fazemos e nos tornamos apenas utilizando coisas.

Devemos nos tornar ricos para viver mais plenamente.

O desejo por riquezas é simplesmente a capacidade de uma vida mais ampla buscando sua realização; todo desejo é o esforço de uma potencialidade não expressa buscando se manifestar. É o poder que busca expressão que causa o desejo. O mesmo impulso que faz uma planta crescer é o que o faz desejar mais dinheiro: é a Vida buscando uma expressão mais completa.

O universo deseja que você realize todos os seus desejos. A natureza está em sintonia com seus planos.

Tudo é natural para você. Decida que isso é verdade. No entanto, é essencial que seu propósito esteja em harmonia com o propósito que está em tudo.

A vida é o cumprimento de uma função; e o indivíduo só vive verdadeiramente quando desempenha todas as funções, físicas, mentais e espirituais, das quais é capaz, sem excesso em nenhuma delas. Você não deseja se enriquecer para viver como um animal, para satisfazer os desejos animais; isso não é vida.

No entanto, o cumprimento de todas as funções físicas é parte da vida, e ninguém vive plenamente se negar ao corpo uma expressão normal e saudável.

Você não deseja enriquecer apenas para desfrutar de prazeres mentais, adquirir conhecimento, satisfazer a ambição, superar os outros ou ser famoso.

Tudo isso faz parte legítima da vida, mas o homem que vive apenas pelos prazeres do intelecto terá apenas uma vida parcial e nunca ficará satisfeito com sua sorte.

Você não deseja se enriquecer apenas para o bem dos outros, para adquirir conhecimento, satisfazer a ambição, superar os outros e buscar a fama são aspirações legítimas na vida.

No entanto, o indivíduo que se dedica apenas aos prazeres do intelecto terá uma existência parcial e, eventualmente, insatisfatória.

Da mesma forma, buscar a riqueza exclusivamente para o benefício dos outros, sacrificar-se pela salvação da humanidade e encontrar alegria na filantropia e no sacrifício não é o único propósito da vida. Essas são apenas algumas das muitas facetas que compõem uma vida significativa.

O desejo de enriquecer vai além dessas ideias altruístas.

Buscamos riqueza para desfrutar dos prazeres da vida, como comer, beber e se divertir no momento adequado; para cercar-nos de beleza, explorar terras distantes, nutrir nossa mente e expandir nosso intelecto; para amar nossos semelhantes e realizar boas ações, desempenhando um papel positivo no mundo e ajudando outros a encontrar a verdade.

É importante reconhecer que o altruísmo extremo não é superior ao egoísmo extremo; ambos são extremos a serem evitados.

Livre-se da noção de que Deus exige sacrifícios para beneficiar os outros e que esse sacrifício é a chave para obter favor divino. O que Deus deseja é que aproveitemos ao máximo nosso potencial, tanto para nosso próprio benefício quanto para o benefício dos outros. Ajudar os outros a partir de uma posição de autenticidade e plenitude pessoal é mais eficaz do que qualquer forma de sacrifício.

A Imaginação Inteligente certamente proporcionará oportunidades para você, mas isso não implica em tomar algo de outra pessoa para beneficiar a si mesmo. É crucial abandonar a mentalidade de competição. Em vez disso, você deve focar em criar, não em competir pelo que já foi criado.

Você não precisa privar ninguém de seus recursos. Não é necessário recorrer a negociações desonestas, trapaças ou aproveitar-se dos outros. Você não precisa permitir que alguém trabalhe para você por uma remuneração inferior ao que merece.

Não há necessidade de cobiçar a propriedade alheia ou olhar para ela com inveja; nada impede que você tenha o mesmo, e isso sem privar os outros de suas posses.

Você se tornará um criador, não um competidor; alcançará seus objetivos de tal maneira que, quando os alcançar, todos os outros terão mais do que têm agora.

Reconheço que existem indivíduos que acumulam uma grande quantidade de riqueza agindo em oposição direta ao princípio expresso na página anterior, e gostaria de oferecer uma explicação adicional aqui.

Certos magnatas, que acumulam imensa riqueza, o fazem muitas vezes devido à sua notável habilidade no contexto da competição.

Os magnatas multimilionários são como os répteis monstruosos das eras pré-históricas; desempenham um papel necessário no processo evolutivo, mas o mesmo Poder que os gerou irá dispô-los.

É crucial ter em mente que nunca foram verdadeiramente ricos; um exame da vida privada da maioria dessa classe revelará que foram, na verdade, os mais abjetos e miseráveis dos pobres.

As riquezas obtidas no contexto da competição nunca são satisfatórias ou permanentes; hoje são suas, amanhã de outro.

Lembre-se, se deseja enriquecer de forma honesta e segura, deve abandonar completamente o pensamento competitivo.

Nunca deve considerar por um momento sequer que a oferta é limitada.

Assim que começar a pensar que todo o dinheiro está sendo controlado por banqueiros e outros, e que deve lutar para promulgar leis para interromper esse processo, estará caindo na mentalidade competitiva e seu poder de criar desaparecerá temporariamente; pior ainda, provavelmente irá deter os movimentos criativos que já iniciou.

Saiba que existem incontáveis milhões de dólares em ouro nas montanhas da terra, ainda não trazidos à luz; e tenha certeza de que, mesmo que não existam, mais substâncias serão criadas a partir da Imaginação Pensante para suprir suas necessidades.

Tenha a convicção de que o dinheiro que precisa virá, mesmo que seja necessário que mil homens descubram novas minas de ouro amanhã. Nunca fixe seu olhar apenas na oferta visível; dirija sempre sua atenção para as riquezas ilimitadas da Imaginação Sem Forma e saiba que elas estão a caminho, chegando até você tão rápido quanto você pode recebê-las e usá-las.

Ninguém, ao monopolizar a oferta visível, pode impedir que obtenha o que é seu. Portanto, jamais permita-se pensar por um instante que todos os melhores locais para construção estarão ocupados antes que se prepare para erguer sua casa, a menos que se apresse.

Não tema perder o que deseja porque outra pessoa "chegou lá antes de você". Isso simplesmente não pode acontecer; você não está competindo por algo que pertence a outra pessoa; está causando a criação do que deseja a partir da Imaginação Sem Forma, e o suprimento é infinito.

Mantenha-se firme na declaração formulada: Existe uma matéria pensante da qual todas as coisas são feitas e que, em seu estado original, permeia, penetra e preenche os intervalos do universo. Um pensamento, nesta substância, produz aquilo que é imaginado pelo pensamento. O homem pode moldar coisas em seu pensamento e, ao imprimir seu pensamento em uma substância informe, pode fazer com que aquilo em que ele pensa seja criado.

Como as riquezas chegam até você

Quando digo que você não precisa fazer barganhas duras, não estou sugerindo que você não deva fazer nenhuma barganha, nem estou sugerindo que esteja acima da necessidade de ter quaisquer relações com seus semelhantes.

O que quero transmitir é que você não precisa lidar com eles injustamente; não precisa buscar algo em troca de nada, mas pode proporcionar a cada indivíduo mais do que retira dele.

Você pode não dar a cada pessoa um valor de mercado à vista maior do que o que recebe dela, mas pode oferecer um valor de uso superior ao valor em dinheiro daquilo que adquire dela. Por exemplo, o papel, a tinta e outros materiais deste livro podem não valer o dinheiro que você paga por eles; no entanto, se as ideias sugeridas neste livro lhe renderem milhares de reais, você não foi injustiçado por quem o vendeu; receberá um valor de uso considerável em troca de um pequeno valor em dinheiro.

Ao passar do plano competitivo para o plano criativo, você pode avaliar suas transações comerciais com rigor e, se estiver vendendo algo que não acrescente mais à vida do comprador do que aquilo que ele lhe dá em troca, pode decidir parar de vender isso.

Não é necessário vencer ninguém nos negócios. Se estiver envolvido em um empreendimento que envolve superar os outros, é melhor sair imediatamente.

Dê a cada pessoa mais valor de uso do que você recebe dela em dinheiro; assim, estará contribuindo para enriquecer a vida de todos em cada transação comercial.

Você só será vitorioso e obterá êxito em tudo somente quando não se importar mais se vai vencer ou se vai ser derrotado.

Se você tem pessoas trabalhando para você, é natural que receba mais valor em dinheiro do que paga em salários; no entanto, você pode estruturar seu negócio de modo a promover o princípio do progresso, permitindo que cada colaborador avance gradualmente a cada dia.

Assim como este livro está beneficiando você, você pode conduzir sua empresa de forma que ela se torne uma espécie de escada, na qual qualquer pessoa disposta possa ascender à riqueza. Se alguém optar por não fazê-lo, isso não será culpa sua.

É importante compreender que, ao causar a criação de suas riquezas a partir da Imaginação Sem Forma que permeia todo o seu ambiente, não significa que elas surgirão instantaneamente diante de seus olhos. Por exemplo, se você deseja uma máquina de costura, não estou sugerindo que deva visualizá-la até que apareça magicamente em suas mãos, na sala onde está sentado ou em qualquer outro lugar. Em vez disso, ao desejar uma máquina de costura, mantenha a imagem mental dela com a mais absoluta certeza de que está em processo de fabricação ou a caminho de você.

Após formar o pensamento, mantenha uma fé inabalável e absoluta de que a máquina de costura está a caminho; jamais duvide disso ou fale sobre ela de outra forma que não seja como se estivesse certo de que será entregue. Reivindique-a como se já fosse sua.

Ela será trazida até você pelo poder da Inteligência Suprema, que atua sobre a mente.

Através de todos, em todos, comunicando-se com todos, a Imaginação Pensante pode influenciar a todos.

O desejo dessa Imaginação por uma vida mais plena e melhor é o motor por trás da criação de todas as máquinas de costura já fabricadas, e continuará a criar milhões de outras sempre que os homens o colocarem em movimento através do desejo, da fé e da ação de uma certa maneira.

É certo que você pode ter uma máquina de costura em casa, assim como é certo que pode ter qualquer outra coisa que desejar e que utilizará para o avanço de sua própria vida e da vida de outras pessoas.

Não hesite em pedir amplamente, pois "é um prazer para o Pai dar-lhe o reino", como disse Jesus.

Se você internalizar o fato de que o desejo que sente pela posse de riquezas é o mesmo impulso que a Onipotência tem por uma expressão mais completa, sua fé se tornará invencível.

Lembro-me de uma vez ter visto um garotinho sentado ao piano, tentando em vão extrair harmonia das teclas; ele estava visivelmente triste e frustrado por sua incapacidade de tocar música de verdade.

Quando perguntei a ele a causa de sua irritação, ele respondeu: "Posso sentir a música em mim, mas não consigo fazer minhas mãos funcionarem direito".

A música nele era o IMPULSO da Imaginação Original, contendo todas as possibilidades de toda a vida; tudo o que existe de música buscava expressão através da criança.

Deus, a Imaginação Única, deseja viver, criar e desfrutar das coisas através da humanidade.

Ele está clamando: "Quero mãos para construir estruturas maravilhosas, tocar harmonias divinas, pintar quadros gloriosos; quero pés para realizar minhas tarefas, olhos para ver minhas belezas, línguas para contar verdades poderosas e cantar canções maravilhosas".

Deus deseja que aqueles que têm habilidades musicais possuam pianos e todos os outros instrumentos, e que tenham os meios para desenvolver ao máximo seus talentos;

Ele quer que aqueles que apreciam a beleza possam cercar-se de coisas belas; Ele deseja que aqueles que discernem a verdade tenham todas as oportunidades de viajar e observar; Ele quer que aqueles que valorizam o vestuário estejam elegantemente vestidos, e que aqueles que desfrutam de boa comida sejam alimentados com luxo.

Ele deseja todas essas coisas porque Ele próprio as desfruta e aprecia; é Deus quem quer brincar, cantar, desfrutar da beleza, proclamar a verdade, usar roupas finas e comer bons alimentos. "É Deus quem opera em você tanto o querer quanto o realizar", como disse Paulo.

O desejo que você sente pelas riquezas é infinito, buscando expressar-se em você, assim como procurou encontrar expressão no garotinho ao piano. Portanto, não hesite em pedir amplamente. Sua parte é focar e expressar o desejo a Deus.

Este é um ponto difícil para a maioria das pessoas; elas retêm algo da antiga ideia de que a pobreza e o auto-sacrifício agradam a Deus.

Elas encaram a pobreza como parte do plano, uma necessidade da natureza. Têm a ideia de que Deus terminou Sua obra e fez tudo o que pode fazer, e que a maioria dos homens deve continuar pobre porque não há o suficiente para todos.

Elas se apegam tanto a esse pensamento errôneo que sentem vergonha de pedir riquezas; tentam contentar-se com uma competência muito modesta, apenas o suficiente para estar razoavelmente confortáveis.

Agora que você conhece a Imaginação Única

reflita sobre tudo o que quer conquistar se imagine com isso nas suas mãos

A riqueza que você almeja está na forma que você leva a vida.

Com coragem e realização!

Você já sabe que pode conquistar tudo isso que imaginou...

GRATIDÃO

Garantir esta relação harmoniosa é uma questão de primordial e vital importância, e darei algum espaço à sua discussão aqui, fornecendo-lhe instruções que, se você as seguir, certamente o levarão à perfeita unidade de Imaginação com Deus.

Todo o processo de ajustamento mental e expiação pode ser resumido em uma palavra: gratidão.

Primeiro, você acredita que existe uma Imaginação Inteligente, da qual procedem todas as coisas; segundo, você acredita que esta Imaginação lhe dá tudo o que você deseja; e terceiro, você se relaciona com isso por meio de um sentimento de profunda gratidão.

Muitas pessoas que ordenam corretamente as suas vidas de todas as outras maneiras são mantidas na pobreza pela sua falta de gratidão.

Tendo recebido um presente de Deus, eles cortaram os fios que os conectavam a Ele, deixando de fazer reconhecimento.

É fácil compreender que quanto mais perto vivermos da fonte da riqueza, mais riqueza receberemos; e é fácil também compreender que a alma que é sempre grata vive em contato mais próximo com Deus do que aquela que nunca olha para Ele com agradecimento.

Quanto mais agradecidos fixarmos nossas mentes quando as coisas boas nos chegam, mais coisas boas receberemos e mais rapidamente elas virão; e a razão é simplesmente que a atitude mental de gratidão leva a mente a um contato mais próximo com a fonte de onde vêm as bênçãos.

Essa conexão direta com a fonte das bênçãos fortalece nossa sintonia com as energias positivas do universo, aumentando assim a frequência e a rapidez com que as coisas positivas se manifestam em nossas vidas.

A gratidão, portanto, não apenas nos abre para receber mais, mas também acelera o processo de manifestação das nossas aspirações e desejos.

Se é um pensamento novo para você que a gratidão traz toda a sua mente para uma harmonia mais estreita com as energias criativas do universo, considere isso bem e você verá que isso é verdade.

As coisas boas que você já possui chegaram até você ao longo da linha da obediência a certas leis.

A gratidão conduzirá sua mente pelos caminhos pelos quais as coisas acontecem; e isso o manterá em estreita harmonia com o pensamento criativo e evitará que você caia no pensamento competitivo.

Somente a gratidão pode mantê-lo olhando para o todo e impedi-lo de cair no erro de pensar que a oferta é limitada; e fazer isso seria fatal para suas esperanças.

Existe uma Lei da Gratidão, e é absolutamente necessário que você observe a lei, se quiser obter os resultados que busca.

A lei da gratidão é o princípio natural de que a ação e as reações são sempre iguais e em direções opostas. A grata expansão da sua mente em louvor agradecido ao Supremo é uma liberação ou gasto de força; não pode deixar de alcançar aquilo a que se dirige, e a reação é um movimento instantâneo em sua direção.

"Aproxime-se de Deus e Ele se aproximará de você." Essa é uma declaração de verdade psicológica. E se a sua gratidão for forte e constante, a reação na Substância Sem Forma será forte e contínua; o movimento das coisas que você deseja será sempre em sua direção.

Observe a atitude grata que Jesus tomou; como Ele sempre parece estar dizendo: "Agradeço-te, Pai, por me ouvires". Você não pode exercer muito poder sem gratidão; pois é a gratidão que o mantém conectado com o Poder. Mas o valor da gratidão não consiste apenas em conseguir mais bênçãos no futuro. Sem gratidão você não pode evitar por muito tempo pensamentos insatisfeitos em relação às coisas como elas são.

É necessário, então, cultivar o hábito de agradecer por cada coisa boa que chega até você; e agradecer continuamente.

E porque todas as coisas contribuíram para o seu avanço, você deve incluir todas as coisas em sua gratidão.

Não perca tempo pensando ou falando sobre as deficiências ou ações erradas de plutocratas ou magnatas da confiança. A organização do mundo deles criou a sua oportunidade; tudo que realmente chega até você é por causa deles. Não se irrite contra políticos corruptos; se não fossem os políticos, cairíamos na anarquia e as suas oportunidades seriam grandemente diminuídas.

Lembre-se de que todos eles estão ajudando a organizar as linhas de transmissão pelas quais suas riquezas chegarão até você e seja grato a todos eles.

Isso o colocará em relações harmoniosas com o que há de bom em tudo, e o que há de bom em tudo se moverá em sua direção.

PENSANDO DA MANEIRA CERTA

Volte ao capítulo e releia novamente a história do homem que formou uma imagem mental de sua casa, e você terá uma ideia clara do passo inicial para ficar rico.

Você deve formar uma imagem mental clara e definida do que deseja; você não pode transmitir uma ideia a menos que você mesmo a tenha.

Você deve tê-lo antes de poder dá-lo; e muitas pessoas não conseguem impressionar a Imaginação Pensante porque têm apenas um conceito vago e nebuloso das coisas que desejam fazer, ter ou se tornar.

Não basta que você tenha um desejo geral de riqueza "para fazer o bem"; todo mundo tem esse desejo.

Não basta que você tenha vontade de viajar, ver coisas, viver mais, etc. Todo mundo também tem esses desejos. Se você fosse enviar uma mensagem sem fio a um amigo, não enviaria as letras do alfabeto em sua ordem e deixaria que ele construísse a mensagem sozinho; nem você pegaria palavras aleatórias do dicionário.

Você enviaria uma frase coerente; uma que significasse alguma coisa.

Quando você tentar imprimir seus desejos na Substância, lembre-se de que isso deve ser feito por meio de uma declaração coerente; você deve saber o que quer e ser definitivo.

Você nunca poderá ficar rico ou colocar o poder criativo em ação enviando anseios informes e desejos vagos.

Examine seus desejos assim como o homem que descrevi revisou sua casa; veja exatamente o que você quer e obtenha uma imagem mental clara de como você deseja que seja quando conseguir.

Essa imagem mental clara você deve ter continuamente em mente, assim como o marinheiro tem em mente o porto para onde está navegando; você deve manter seu rosto voltado para ele o tempo todo. Você não deve perdê-lo de vista, assim como o timoneiro não perde de vista a bússola.

Os métodos aqui apresentados são para pessoas cujo desejo por riquezas é forte o suficiente para superar a preguiça mental e o amor pela facilidade, e fazê-los trabalhar.

Quanto mais clara e definida você fizer a sua imagem, e quanto mais você se debruçar sobre ela, revelando todos os seus deliciosos detalhes, mais forte será o seu desejo; e quanto mais forte for o seu desejo, mais fácil será manter a mente fixa na imagem do que você deseja.

Contudo, é necessário algo mais do que apenas ver o quadro claramente. Se isso é tudo que você faz, você é apenas um sonhador e terá pouco ou nenhum poder para realizar. Por trás de sua visão clara deve estar o propósito de realizá-la; para trazê-lo à tona em expressão tangível. E por trás desse propósito deve haver uma FÉ invencível e inabalável de que a coisa já é sua; que está "à mão" e você só precisa tomar posse dela.

Viva na nova casa, mentalmente, até que ela tome forma física ao seu redor. No reino mental, entre imediatamente no pleno gozo das coisas que deseja.

Assuma a Atitude Mental de Propriedade em relação às coisas que deseja. Veja esses desejos como se estivessem ao seu redor o tempo todo; visualize-se como possuidor e usuário delas. Faça uso desses bens na imaginação, assim como você os usará quando forem tangíveis.

Reflita sobre sua imagem mental até que ela se torne clara e distinta, e então assuma a mentalidade de proprietário em relação a tudo que está nessa imagem.

Tome posse mentalmente, com plena fé de que é verdadeiramente seu. Mantenha essa propriedade mental; não desista nem por um instante na fé de que é real.

E lembre-se do que foi dito no capítulo seguinte sobre gratidão; seja tão grato por isso o tempo todo quanto você espera quando ele tomar forma.

O homem que pode agradecer sinceramente a Deus pelas coisas que ainda possui apenas na imaginação tem verdadeira fé. Ele ficará rico; ele causará a criação de tudo o que quiser.

Você não precisa orar repetidamente pelas coisas que deseja; isso não significa contar a Deus sobre elas todos os dias. Como disse Jesus aos seus discípulos, "Não useis repetições vãs como fazem os pagãos, pois vosso Pai sabe que necessitais destas coisas antes de Lhe pedirdes".

Sua parte é formular inteligentemente seus desejos para uma vida mais ampla e organizá-los em um todo coerente; então, imprimir todo esse desejo na substância sem forma, que tem o poder e a vontade de lhe trazer o que você deseja.

Você não causa essa impressão repetindo sequências de palavras; você consegue isso mantendo a visão com um propósito inabalável de alcançá-la e com uma fé inabalável de que você alcançará. A resposta à oração não está de acordo com sua fé enquanto você está falando, mas de acordo com sua fé enquanto você está trabalhando.

Você não pode impressionar a mente de Deus reservando um dia especial para expressar seus desejos e depois se esquecendo dele durante o resto da semana. Horários especiais para orações em seu quarto podem ser benéficos para esclarecer sua visão e fortalecer sua fé, mas não são suas petições orais que trazem o que você deseja. Para alcançar a riqueza, não é necessária uma "doce hora de oração"; é necessário "orar sem cessar". E por oração, quero dizer manter-se firmemente na sua visão, com o propósito de dar forma sólida à sua criação e com a fé de que você está realizando isso.

Acreditar que você já recebeu é fundamental uma vez que sua visão esteja clara. Após formular claramente sua visão, é benéfico fazer uma declaração oral, dirigindo-se ao Supremo em oração reverente; a partir desse momento, você deve, em sua mente, receber o que pediu. Viva na nova casa, use roupas finas, dirija o carro dos seus sonhos, embarque em jornadas e planeje com confiança jornadas maiores. Pense e fale sobre todas as coisas que você pediu em termos de propriedade atual e real.

No entanto, lembre-se de que você não está apenas sonhando ou construindo castelos no ar; mantenha a fé de que o que você imagina está sendo realizado e o propósito de realizá-lo.

É a fé e o propósito no uso da imaginação que distinguem o sonhador do realizador.

E uma vez que você tenha aprendido esse fato, é aqui que você deve aprender o uso adequado da vontade.

COMO ATRAIR RIQUEZA

Para iniciar o caminho para a riqueza de forma inteligente, é importante compreender que não se deve tentar impor a própria vontade sobre os outros.

É incorreto usar a força da vontade para manipular ou controlar outras pessoas para que façam o que desejamos.

Coagir mentalmente as pessoas é tão condenável quanto coagi-las fisicamente.

Assim como forçar alguém fisicamente a fazer algo constitui escravidão, obrigá-las mentalmente produz o mesmo resultado; apenas os métodos são diferentes.

Se tirar algo das pessoas pela força física é considerado roubo, o mesmo se aplica a tirar coisas pela coerção mental; em princípio, não há diferença.

Você não tem o direito de impor sua vontade sobre outra pessoa, mesmo que seja para o que você acredita ser o bem dela, pois você não tem o conhecimento completo do que é melhor para ela.

Não é necessário que você force as coisas, apenas permita que elas venham até você.

Tentar coagir Deus seria tolo, inútil e desrespeitoso.

Da mesma forma, não é preciso forçar Deus a lhe conceder coisas boas, assim como não é necessário usar sua vontade para fazer o sol nascer.

Você não precisa empregar sua força de vontade para subjugar uma divindade hostil, nem para fazer com que forças rebeldes cumpram suas ordens.

Para alcançar a riqueza, tudo o que você precisa fazer é aplicar sua força de vontade sobre si mesmo.

Quando você sabe o que pensar e fazer, deve usar sua vontade para se obrigar a pensar e fazer as coisas certas. Esse é o uso legítimo da vontade para alcançar o que você deseja - usá-la para permanecer no caminho correto. Utilize sua vontade para manter-se pensando e agindo da maneira correta.

Não tente projetar sua vontade, seus pensamentos ou sua mente no espaço, para "agir" sobre coisas ou pessoas. Mantenha sua mente em casa; ela pode realizar mais lá do que em qualquer outro lugar. Use sua mente para formar uma imagem mental do que você deseja e para manter essa visão com fé e propósito; e use sua vontade para manter sua mente trabalhando da maneira certa.

Quanto mais firmes e contínuos forem sua fé e propósito, mais rapidamente você ficará rico, porque causará apenas impressões positivas na Substância; e você não as neutralizará ou compensará com impressões negativas. A imagem de seus desejos, mantida com fé e propósito, é absorvida pelo Sem Forma e se espalha por grandes distâncias - por todo o universo, pelo que sei.

À medida que essa impressão se espalha, todas as coisas se movem em direção à sua realização; todas as coisas vivas, todas as coisas inanimadas e as coisas ainda não criadas são estimuladas a trazer à existência aquilo que você deseja.

Toda força começa a ser exercida nessa direção; todas as coisas começam a se mover em sua direção. As mentes das pessoas, em todos os lugares, são influenciadas a fazer as coisas necessárias para a realização de seus desejos; e elas trabalham para você, inconscientemente.

Mas você pode verificar tudo isso iniciando uma impressão negativa na Imaginação Sem Forma.

A dúvida ou a descrença certamente iniciarão um movimento para longe de você, assim como a fé e o propósito iniciarão um movimento em sua direção.

É por não entender isso que a maioria das pessoas que tentam fazer uso da "Imaginação Sem Forma" para enriquecer fracassa.

Cada hora e momento que você gasta dando atenção a dúvidas e medos, cada hora que você passa preocupado, cada hora em que sua alma é possuída pela descrença, afasta de você uma corrente em todo o domínio da Imaginação inteligente.

Todas as promessas são para aqueles que creem, e somente para eles. Observe quão insistente Jesus foi neste ponto de crença; e agora você sabe o motivo.

Visto que a crença é muito importante, cabe a você proteger seus pensamentos; e como as vossas crenças serão moldadas, em grande medida, pelas coisas que observais e nas quais pensais, é importante que controleis a vossa atenção.

E aqui a vontade entra em uso; pois é pela sua vontade que você determina em que coisas sua atenção deverá ser fixada. Se você quer ficar rico, não deve estudar a pobreza. As coisas não surgem pensando o oposto. A saúde nunca será alcançada estudando-se as doenças e pensando sobre elas; a justiça não deve ser promovida pelo estudo do pecado e pelo pensamento sobre o pecado; e ninguém nunca ficou rico estudando a pobreza e pensando sobre a pobreza.

O que lhe preocupa é a cura. Não digo que você deva ser insensível ou cruel e se recusar a ouvir o clamor da necessidade; mas não devemos tentar erradicar a pobreza por nenhuma das formas convencionais. Deixe a pobreza para trás e deixe tudo o que diz respeito a ela para trás e "faça o bem".

Ficar rico; essa é a melhor maneira de ajudar os pobres. E você não pode manter a imagem mental que o tornará rico se encher sua mente com imagens de pobreza. Não leia livros ou jornais que forneçam relatos circunstanciais da miséria dos moradores de rua, e assim por diante. Não leia nada que encha sua mente com imagens sombrias de carência e sofrimento.

Você não pode ajudar os pobres sabendo dessas coisas; e o conhecimento generalizado deles não tende de forma alguma a acabar com a pobreza. O que tende a acabar com a pobreza não é colocar imagens de pobreza na mente, mas sim colocar imagens de riqueza nas mentes dos pobres. Você não está abandonando os pobres em sua miséria quando se recusa a permitir que sua mente seja preenchida com imagens dessa miséria.

A pobreza pode ser eliminada, não aumentando o número de pessoas ricas que pensam na pobreza, mas aumentando o número de pessoas pobres que se propõem com fé a enriquecer.

Os pobres não precisam de caridade; eles precisam de inspiração. A caridade apenas lhes envia um pedaço de pão para mantê-los vivos em sua miséria, ou lhes dá um entretenimento para fazê-los esquecer por uma ou duas horas; mas a inspiração fará com que eles saiam de sua miséria. Se você quiser ajudar os pobres, demonstre-lhes que eles podem enriquecer; prove isso ficando rico você mesmo.

As pessoas devem ser ensinadas a enriquecer pela criação e não pela concorrência. Todo homem que enriquece por meio da competição joga atrás de si a escada pela qual sobe e mantém os outros abaixo; mas todo homem que enriquece pela criação abre um caminho para milhares de pessoas a segui-lo e os inspira a fazê-lo.

Você não está demonstrando dureza de coração ou uma disposição insensível quando se recusa a ter pena da pobreza, a ver a pobreza, a ler sobre a pobreza, ou a pensar ou falar sobre ela, ou a ouvir aqueles que falam sobre ela.

Use a sua força de vontade para manter a sua mente desligada do assunto da pobreza e para mantê-la fixa com fé e propósito na visão do que você deseja.

Uso Adicional da Vontade

Você não pode manter uma visão verdadeira e clara da riqueza se estiver constantemente voltando sua atenção para imagens opostas, sejam elas externas ou imaginárias.

Não conte sobre seus problemas passados de natureza financeira; se você os teve, não pense neles de forma alguma. Não conte sobre a pobreza de seus pais ou sobre as dificuldades de sua infância; fazer qualquer uma dessas coisas é classificar-se mentalmente entre os pobres por enquanto, e isso certamente irá impedir o movimento das coisas em sua direção.

"Deixe os mortos enterrarem os seus mortos", como disse Jesus. Deixe a pobreza e todas as coisas relacionadas à pobreza completamente para trás.

Você aceitou uma certa teoria do universo como sendo correta, e está depositando todas as suas esperanças de felicidade em que ela esteja correta; e o que você pode ganhar dando atenção a teorias conflitantes?

Não leia livros religiosos que lhe dizem que o mundo está prestes a acabar; e não leia os escritos de denunciantes e filósofos pessimistas que lhe dizem que isso vai para o diabo.

O mundo não vai para o diabo; está indo para Deus. É maravilhoso se tornar.

É verdade que pode haver muitas coisas desagradáveis nas condições existentes; mas de que adianta estudá-los quando certamente estão falecendo, e quando o estudo deles apenas tende a verificar sua passagem e mantê-los conosco? Por que dedicar tempo e atenção às coisas que estão sendo removidas pelo crescimento evolutivo, quando você só pode acelerar a sua remoção promovendo o crescimento evolutivo até onde vai a sua parte?

Não importa quão horríveis possam parecer as condições em certos países, seções ou lugares, você perde seu tempo e destrói suas próprias chances ao considerá-los.

Você deveria se interessar pelo fato de o mundo ficar rico.

Pense na riqueza que o mundo está adquirindo, em vez da pobreza da qual ele está saindo; e tenha em mente que a única maneira pela qual você pode ajudar o mundo a enriquecer é enriquecendo você mesmo através do método criativo – e não do competitivo.

Concentre toda a sua atenção nas riquezas; ignore a pobreza. Sempre que você pensar ou falar daqueles que são pobres, pense e fale deles como aqueles que estão enriquecendo; como aqueles que devem ser felicitados e não lamentados. Então eles e outros captarão a inspiração e começarão a procurar uma saída.

Porque eu digo que você deve dedicar todo o seu tempo, mente e pensamento às riquezas, não significa que você deva ser sórdido. Tornar-se realmente rico é o objetivo mais nobre que você pode ter na vida, pois inclui todo o resto. No plano competitivo, a luta para enriquecer é uma luta sem Deus pelo poder sobre outros homens; mas quando entramos na imaginação criativa, tudo isso muda. Tudo o que é possível no caminho da grandeza e do desenvolvimento da alma, do serviço e do esforço elevado, vem através do enriquecimento; tudo é possível pelo uso das coisas.

Se você não tiver saúde física, descobrirá que alcançá-la está condicionado ao seu enriquecimento.

Somente aqueles que estão emancipados das preocupações financeiras e que têm os meios para viver uma existência livre de cuidados e seguir práticas de higiene podem ter e manter a saúde.

A grandeza moral e espiritual só é possível para aqueles que estão acima da batalha competitiva pela existência; e apenas aqueles que estão a enriquecer no plano do pensamento criativo estão livres das influências degradantes da concorrência.

Se o seu coração está definido o refletir sobre a felicidade no lar, é importante considerar que o amor floresce onde há refinamento, pensamento elevado e liberdade de influências corruptoras. Esses elementos são encontrados principalmente onde as riquezas são conquistadas por meio do pensamento criativo, sem conflitos ou rivalidade.

Não se pode almejar algo tão grandioso e nobre como a riqueza sem antes fixar a atenção na imagem mental da prosperidade, eliminando tudo o que possa ofuscar ou obscurecer a visão.

Deve-se aprender a enxergar a verdade subjacente em todas as coisas, percebendo, em todas as condições aparentemente erradas, a grande vida única sempre progredindo em direção à expressão mais completa e à felicidade plena. Na verdade, a pobreza não existe, só a riqueza.

Algumas pessoas permanecem na pobreza porque ignoram a existência da riqueza para si mesmas. Essas pessoas podem ser melhor ensinadas mostrando o caminho para a riqueza em sua própria pessoa e prática.

Outras são pobres porque, embora sintam que há uma saída, são intelectualmente preguiçosas demais para fazer o esforço mental necessário para encontrar e percorrer o caminho. Para essas pessoas, a melhor coisa a fazer é despertar o desejo mostrando a felicidade que vem de ser rico por direito.

Algumas ainda são pobres porque, embora tenham alguma noção, ficaram perdidas no labirinto de teorias e ocultas e não sabem que caminho tomar.

Elas tentam uma mistura de muitos sistemas e fracassam em todos. Para essas pessoas, a melhor coisa a fazer é mostrar o caminho certo em sua própria pessoa e prática, pois um grama de prática vale mais do que um quilo de teoria.

A melhor coisa que alguém pode fazer pelo mundo inteiro é tirar o máximo proveito de si mesmo.

Você não pode servir a Deus e ao homem de maneira mais eficaz do que ficando rico; isto é, se você enriquecer pelo método criativo e não pelo competitivo.

Outra coisa. Afirmamos que este livro apresenta detalhadamente os segredos para enriquecer.

Só pode haver uma distância mais curta entre dois pontos.

Só existe uma maneira de pensar: pensar da maneira que conduz pelo caminho mais direto e simples até o objetivo.

Ninguém formulou ainda um "sistema" mais breve ou menos complexo do que o apresentamos; foi despojado de todos os itens não essenciais.

Quando você começar com isso, deixe todos os outros de lado; tire-os completamente da sua mente.

Leia este livro todos os dias; mantenha-o com você; guarde-o na memória e não pense em outros "sistemas" e teorias. Se o fizer, começará a ter dúvidas e a ficar incerto e vacilante em seus pensamentos; e então você começará a cometer fracassos.

Depois de ter feito o bem e ficar rico, você poderá estudar outros sistemas tanto quanto desejar; mas até que você tenha certeza de que obteve o que deseja, não leia nada neste tema, exceto este livro.

E leia apenas os comentários mais otimistas sobre as notícias do mundo; aqueles em harmonia com sua imagem.

Além disso, adie suas investigações sobre o ocultismo.

AGIR DE MANEIRA CERTA

O PENSAMENTO é o poder criativo, ou a força impulsora que faz com que o poder criativo atue; pensar de uma certa maneira lhe trará riquezas, mas você não deve confiar apenas no pensamento, não prestando atenção à ação pessoal.

Essa é a rocha sobre a qual muitos pensadores metafísicos, de outra forma científicos, naufragam – a incapacidade de conectar o pensamento com a ação pessoal.

Ainda não atingimos o estágio de desenvolvimento, mesmo supondo que tal estágio seja possível, em que o homem possa criar diretamente a partir da Imaginação sem Forma, sem os processos da natureza ou o trabalho das mãos humanas; o homem não deve apenas pensar, mas a sua ação pessoal deve complementar o seu pensamento.

Pelo pensamento você pode fazer com que o ouro no coração das montanhas seja impelido em sua direção; mas ele não irá minerar, refinar-se, transformar-se em águias duplas e rolar pelas estradas em busca de seu caminho até o seu bolso.

Sob o poder impulsionador do Espírito Supremo, os assuntos dos homens serão tão ordenados que alguém será levado a extrair o ouro para você; as transações comerciais de outros homens serão direcionadas de tal forma que o ouro será trazido para você, e você deve organizar seus próprios negócios de modo que possa recebê-lo quando chegar a você.

Seu pensamento faz com que todas as coisas, animadas e inanimadas, trabalhem para lhe trazer o que você deseja; mas sua atividade pessoal deve ser tal que você possa receber corretamente o que deseja quando isso chegar até você.

Você não deve tomá-lo como caridade, nem roubá-lo; você deve dar a cada homem mais valor de uso do que ele lhe dá em dinheiro.

O uso científico do pensamento consiste em formar uma imagem mental clara e distinta daquilo que se deseja; em apegar-se ao propósito de conseguir o que deseja; e ao perceber com fé grata que você consegue o que deseja.

Não tente "projetar" seu pensamento de forma misteriosa ou maneira oculta, com a ideia de que ele saia e faça coisas para você; isso é um esforço desperdiçado e enfraquecerá seu poder de pensar com sanidade.

A ação do pensamento no enriquecimento é explicada detalhadamente nos capítulos anteriores; sua fé e propósito impressionam positivamente sua visão sobre a Imaginação Sem Forma, que tem O MESMO DESEJO DE MAIS VIDA QUE VOCÊ TEM; e esta visão, recebida de você, coloca todas as forças criativas em ação DENTRO E ATRAVÉS DE SEUS CANAIS REGULARES DE AÇÃO, mas direcionada a você.

Não é sua função orientar ou supervisionar o processo criativo; tudo o que você precisa fazer é manter sua visão, seguir seu propósito e manter sua fé e gratidão.

Mas você deve agir de uma Certa Forma, para que possa se apropriar do que é seu quando se trata de você; para que você possa encontrar as coisas que tem em sua imagem e colocá-las em seus devidos lugares à medida que chegam.

Você pode realmente ver a verdade disso. Quando as coisas chegarem até você, estarão nas mãos de outros homens, que pedirão um equivalente por elas. E você só pode conseguir o que é seu dando ao outro o que é dele. Sua carteira não vai se transformar em algo abundante, que estará sempre cheia de dinheiro sem esforço de sua parte. Este é o ponto crucial no segredo do enriquecimento; aqui mesmo, onde o pensamento e a ação pessoal devem ser combinados.

Há muitas pessoas que, consciente ou inconscientemente, colocam as forças criativas em ação pela força e persistência dos seus desejos, mas que permanecem pobres porque não proporcionam a recepção daquilo que desejam quando este chega.

Através do pensamento, aquilo que você deseja é trazido até você; por ação você recebe.

Seja qual for a sua ação, é evidente que você deve agir AGORA.

Você não pode agir no passado, e é essencial para a clareza da sua visão mental que você descarte o passado da sua mente.

Você não pode agir no futuro, pois o futuro ainda não chegou. E você não pode dizer como irá querer agir em qualquer contingência futura até que essa contingência chegue.

Como você não está no negócio ou no ambiente certo agora, não pense que deve adiar a ação até entrar no negócio ou no ambiente certo. E não perca tempo no presente pensando no melhor caminho em possíveis emergências futuras; tenha fé em sua capacidade de enfrentar qualquer emergência quando ela chegar.

Mantenha com fé e propósito a visão de si mesmo no ambiente melhor, mas aja de acordo com o seu ambiente atual com todo o seu coração, com toda a sua força e com toda a sua mente.

Não perca tempo sonhando acordado ou construindo castelos; mantenha a visão do que você quer e aja AGORA.

Não procure algo novo para fazer, ou alguma ação estranha, incomum ou notável para realizar como primeiro passo para ficar rico.

É provável que suas ações, pelo menos por algum tempo, sejam aquelas que você vem realizando há algum tempo; mas você deve começar agora a realizar essas ações da maneira certa, o que certamente o tornará rico.

Se você está envolvido em algum negócio e sente que não é o certo para você, não espere até entrar no negócio certo para começar a agir.

Não se sinta desanimado, não espere sentado, lamentando porque você está perdido. Nenhum homem jamais esteve tão deslocado que não conseguisse encontrar o lugar certo, e nenhum homem jamais se envolveu tanto no negócio errado que não pudesse entrar no negócio certo.

Mantenha a visão de si mesmo no negócio certo, com o propósito de entrar nele, e a fé de que você entrará e está entrando; mas AJA em seu negócio atual.

Use seu negócio atual como meio de conseguir um negócio melhor e use seu ambiente atual como meio de entrar em um negócio melhor.

Sua visão do negócio certo, se sustentada com fé e propósito, fará com que o Supremo mova o negócio certo em sua direção; e sua ação, se realizada da maneira certa, fará com que você avance em direção ao negócio.

Se você é um empregado ou um assalariado e sente que precisa mudar de lugar para conseguir o que deseja, não "projete" seu pensamento no espaço e confie nele para chegar até você.

Mantenha a visão de si mesmo no trabalho que deseja, enquanto AGE com fé e propósito no trabalho que tem, e certamente conseguirá o emprego que deseja.

Sua visão e fé colocarão a força criativa em movimento para trazê-la até você, e sua ação fará com que as forças em seu próprio ambiente o movam em direção ao lugar que você deseja.

Ao encerrar este capítulo, acrescentaremos outra afirmação ao nosso programa:

Existe uma matéria pensante da qual todas as coisas são feitas e que, em seu estado original, permeia, penetra e preenche os interespacios do universo.

Um pensamento, nesta substância, produz aquilo que é imaginado pelo pensamento.

O homem pode formar coisas em seu pensamento e, ao imprimir seu pensamento em uma substância informe, pode fazer com que aquilo em que ele pensa seja criado.

Para fazer isso, o homem deve passar da mente competitiva para a mente criativa; ele deve formar uma imagem mental clara das coisas que deseja e manter essa imagem em seus pensamentos com o PROPÓSITO fixo de conseguir o que deseja e a FÉ inabalável de que ele consegue o que deseja, fechando sua mente para tudo o que possa tender a para abalar seu propósito, ofuscar sua visão ou extinguir sua fé.

Para que possa receber o que deseja quando chegar, o homem deve agir AGORA sobre as pessoas e coisas em seu ambiente atual.

LEI DA ATRAÇÃO

A Lei da Atração é um princípio poderoso que tem sido discutido e aplicado por muitas pessoas ao redor do mundo. Neste capítulo, vamos explorar como a Lei da Atração pode ser utilizada para atrair riqueza e prosperidade em nossas vidas. Vamos descobrir como nossos pensamentos e emoções têm um impacto direto em nossas circunstâncias financeiras, e como podemos utilizar essa lei para alcançar a tão desejada abundância.

No ponto de origem de toda riqueza reside um poder invisível, uma força que molda destinos e transcende as barreiras do tempo e espaço. A Lei da Atração não é apenas uma teoria, mas sim um princípio universal que permeia a existência. Nossos pensamentos, sentimentos e energias vibracionais têm o poder de moldar a realidade que vivemos. Descobriremos como alinhar nossos pensamentos com nossos objetivos financeiros, desbloqueando um fluxo constante de prosperidade.

Abra sua mente para a possibilidade de atrair abundância em todas as áreas da sua vida. Afinal, o segredo da riqueza começa aqui, no entendimento profundo e na aplicação consciente da Lei da Atração.

Ao desvendar os mistérios da Lei da Atração, encontramos um fio invisível que conecta nossos pensamentos à matéria, transformando sonhos em realidade. Cada pensamento é uma semente, e cada emoção é a água que a faz crescer.

Imagine, por um momento, que seus pensamentos são ímãs poderosos, atraindo para sua vida aquilo em que você mais foca. É uma dança delicada entre o querer e o ser, entre a visualização e a manifestação. Nesse intricado jogo cósmico, somos co-criadores ativos da nossa própria fortuna.

A verdadeira riqueza não é apenas medida em cifrões, mas na capacidade de sintonizar-se com a abundância do universo.

Ao alinhar nossas energias com a prosperidade, abrimos as comportas para oportunidades que antes estavam além do nosso alcance.

A Lei da Atração, esse intricado fio que tece os destinos, está presente em todos os aspectos de nossas vidas.

Nossa realidade é um reflexo direto das vibrações que emanamos para o universo, como ondas que retornam, multiplicadas, para nos presentear ou desafiar.

Ao explorar as maravilhas dessa lei cósmica, entendemos que não somos meros espectadores, mas participantes ativos na criação de nosso patrimônio. Cada pensamento positivo é um investimento no futuro, e cada atitude otimista é um passo na trilha da prosperidade.

No entanto, assim como cultivamos intencionalmente as sementes da riqueza, devemos também eliminar as ervas daninhas dos pensamentos negativos. A dúvida, o medo e a preocupação são sombras que obscurecem a luz do potencial infinito que reside dentro de nós.

À medida que nos aprofundamos na jornada do "O Segredo da Riqueza", descobrimos ferramentas práticas para elevar nossa frequência vibracional. A gratidão torna-se uma poderosa alavanca, abrindo portas para a abundância. A visualização criativa se revela como uma arte refinada, onde moldamos nossas metas com a argila da mente.

Neste capítulo, você vai se tornar um maestro habilidoso na sinfonia da Lei da Atração.

Você vai aprender a sintonizar os pensamentos e emoções para uma melodia de prosperidade, alinhando cada nota com a riqueza que deseja manifestar.

Prepare-se para explorar técnicas práticas que irão transformar seu interior, construindo a base para a edificação de uma vida financeira abundante.

Cada ação, por menor que seja, envia ondulações para o universo, desencadeando respostas que ecoam em nossa realidade.

Ao internalizar esse conhecimento, percebemos que a riqueza não é apenas uma condição externa, mas uma expressão do nosso estado interior.

A sua mudança começa na mente, onde cada pensamento é uma força que esculpe o bloco de mármore da nossa existência.

A prática da Lei da Atração requer autenticidade e consistência.

Devemos cultivar não apenas a visão clara de nossos objetivos financeiros, mas também a convicção inabalável de que merecemos alcançá-los.

A autopercepção molda o mundo ao nosso redor.

Você irá explorar as nuances da autodisciplina e da persistência.

A riqueza não é entregue passivamente; ela é conquistada através do comprometimento com a jornada, enfrentando desafios como oportunidades de crescimento.

Convido você a mergulhar mais fundo em seu próprio poder, reconhecendo que a Lei da Atração é um espelho de nossa autenticidade.

Descubra como transformar sonhos em metas tangíveis e, por meio de ações deliberadas, trazer esses objetivos para a realidade palpável.

A definição de objetivos não é apenas uma tarefa, mas um compromisso sagrado de cocriar com o cosmos.

Cada objetivo torna-se um imã, atraindo experiências e oportunidades alinhadas à nossa visão de prosperidade. As metas são o elo entre o presente e o futuro que desejamos forjar.

A Lei da Atração, quando aliada a objetivos claros, potencializa nossos esforços e nos guia através de tempos desafiadores.

Descobrimos que a resiliência é a cola que une a intenção ao destino, transformando obstáculos em trampolins para o sucesso.

Convido você a mergulhar em um exercício de autoindagação, traçando um mapa do seu caminho pessoal para a riqueza.

Ao definir metas realistas e inspiradoras, começamos a pavimentar a estrada que leva ao coração do Segredo da Riqueza.

Em nossas próximas páginas, desvendaremos estratégias práticas para fortalecer sua conexão com a Lei da Atração, transformando metas em conquistas tangíveis.

Você deve focar no poder transformador da ação deliberada.

A energia gerada por nossos movimentos, quando alinhada com a visão da riqueza, cria um impulso irresistível em direção ao sucesso.

A Lei da Atração se manifesta não apenas nas palavras e pensamentos, mas também nos passos que damos.

Você tem que se tornar um arquiteto do seu destino, utilizando a Lei da Atração como alicerce para a construção de uma vida financeira sólida.

Ao agir em congruência com nossas metas, começamos a desencadear uma cascata de eventos que nos leva ao encontro da prosperidade.

A arte de agir com intenção e persistência se torna uma habilidade valiosa no caminho para o Segredo da Riqueza. Exploraremos estratégias práticas para manter o ímpeto, superar obstáculos e cultivar uma mentalidade de realização.

Este é o chamado para dar vida aos seus sonhos através da ação.

Neste mergulho profundo na Lei da Atração, é imperativo reconhecer que a gratidão é o elixir que transforma nossas vidas.

Agradecer a Deus não é apenas um ato de cortesia, mas algo que transmuta o comum em extraordinário.

Exploramos a importância de cultivar a gratidão como um hábito diário. Cada expressão de gratidão é como uma carta de amor ao universo, atraindo mais motivos para agradecer.

A Lei da Atração responde generosamente a uma vibração de gratidão.

Você precisa incorporar a gratidão como uma peça central em sua jornada rumo à riqueza.

Ao reconhecer conscientemente as bênçãos presentes em sua vida, você envia uma mensagem clara a Deus: "Estou pronto para mais".

É um ato de fé que ecoa nas esferas invisíveis da criação.

Este é o ponto para desvendar os últimos segredos, onde a gratidão se torna a chave que destranca os portões da verdadeira prosperidade.

É fundamental reconhecer que cada insight, cada reflexão, é um passo firme em direção à transformação interior.

Este capítulo é mais do que uma reflexão; é uma fundação sólida para a construção de uma vida de verdadeira prosperidade.

Neste estágio, entendemos que a Lei da Atração não é um conceito isolado, mas sim um eco do nosso estado de ser. A riqueza é uma dança entre a imaginação e o universo, uma interconexão que transcende as fronteiras do tangível e do intangível.

Uma compreensão mais profunda de como seus pensamentos moldam a realidade que você experimenta.

Estamos apenas no início de uma jornada extraordinária rumo ao coração pulsante do Segredo da Riqueza.

Este é o ponto de inflexão, onde a compreensão se torna uma força motriz para a transformação.

Neste estágio, compreendemos que a Lei da Atração não é uma fórmula mágica, mas sim um processo contínuo de autodescoberta. Cada pensamento é uma ferramenta, esculpindo o barro da consciência para criar a obra-prima que é a sua vida.

A compreensão se transforma em poder, e a manifestação consciente se torna uma arte a ser dominada.

Mais do que uma teoria, esta é uma jornada prática rumo à maestria da prosperidade. Avance com coragem, pois a verdadeira riqueza aguarda para se manifestar em sua vida de maneiras que você nem sequer ousou imaginar.

Você está diante de um portal de possibilidades infinitas.

A Lei da Atração, agora desvendada em suas páginas, não é apenas um conceito a ser entendido, mas uma ferramenta que pode esculpir o destino à medida que avançamos. Cada palavra compartilhada até aqui é um convite para a introspecção, para a ação consciente, e para a transformação que a riqueza genuína requer.

Você compreende agora que a riqueza não é apenas um objetivo, mas uma jornada contínua de autodescoberta e criação consciente.

Enquanto fechamos este capítulo, convido você a levar consigo não apenas as palavras impressas, mas a essência vibrante da Lei da Atração.

A verdadeira riqueza não está apenas em acumular bens materiais, mas em se tornar a pessoa capaz de atrair e apreciar a abundância em todas as suas formas.

Avance com a certeza de que cada passo nesta jornada é para a construção da vida abundante que você busca.

Que as próximas páginas iluminem ainda mais o caminho para a manifestação consciente da riqueza em sua vida.

A riqueza autêntica é uma obra-prima em constante evolução.

Que este livro seja uma bússola em sua jornada para desvendar os mistérios do Segredo da Riqueza.

Seu potencial é vasto, e as páginas que se seguem prometem revelações que guiarão você rumo a uma vida plena de prosperidade.

Ação Eficiente

Você deve usar seu pensamento conforme indicado nos capítulos anteriores e começar a fazer o que puder onde estiver; e você deve fazer TUDO o que puder onde estiver. Você só poderá avançar sendo maior do que sua posição atual; e nenhum homem é maior do que seu lugar atual se deixar de fazer qualquer trabalho pertencente a esse lugar.

Não importa se você é uma pessoa mediana contando que não seja medíocre

O mundo só avança por aqueles que mais do que preenchem os seus lugares atuais.

Aqueles que não ocupam completamente os seus lugares atuais são um peso morto para a sociedade, o governo, o comércio e a indústria; eles devem ser carregados por outros a um grande custo. O progresso do mundo é lento apenas por aqueles que não ocupam os lugares que deveriam ocupam; eles pertencem a uma época anterior e a um estágio ou plano de vida inferior, e sua tendência é à degeneração. Nenhuma sociedade poderia avançar se cada pessoa fosse menor que o seu lugar; a evolução social é guiada pela lei da evolução física e mental. No mundo animal, a evolução é causada pelo excesso de vida.

Quando um organismo tem mais vida do que pode ser expresso nas funções do seu próprio plano, ele desenvolve os órgãos de um plano superior e uma nova espécie é originada.

Nunca teriam existido novas espécies se não existissem organismos que mais do que ocupassem seus lugares.

A lei é exatamente a mesma para você; o seu enriquecimento depende da aplicação deste princípio aos seus próprios assuntos.

Cada dia é um dia de sucesso ou um dia de fracasso; e são os dias de sucesso que proporcionam o que você deseja.

Se todos os dias forem um fracasso, você nunca poderá ficar rico; ao passo que, se cada dia for um sucesso, você não poderá deixar de ficar rico.

Se há algo que pode ser feito hoje, e você não faça isso, você falhou no que diz respeito a essa coisa; e as consequências podem ser mais desastrosas do que você imagina.

Você não pode prever os resultados nem mesmo do ato mais trivial; você não conhece o funcionamento de todas as forças que foram postas em movimento em seu favor.

Muito pode depender de você realizar algum ato simples; pode ser exatamente o que abrirá a porta da oportunidade para possibilidades muito grandes.

Você nunca poderá conhecer todas as combinações que a Inteligência Suprema está fazendo para você no mundo das coisas e dos assuntos humanos; sua negligência ou falha em fazer alguma coisa pequena pode causar um longo atraso na obtenção do que deseja. Faça, todos os dias, TUDO o que puder ser feito naquele dia.

Há, no entanto, uma limitação ou qualificação do acima que você deve levar em consideração. Você não deve trabalhar demais, nem se precipitar cegamente em seus negócios, no esforço de fazer o maior número possível de coisas no menor tempo possível. Você não deve tentar fazer hoje o trabalho de amanhã, nem fazer o trabalho de uma semana em um dia.

Na verdade, não é o número de coisas que você faz, mas a EFICIÊNCIA de cada ação separada que conta. Cada ato é, em si, um sucesso ou um fracasso.

Cada ato é, em si, eficaz ou ineficiente.

Todo ato ineficiente é um fracasso, e se você passa a vida praticando atos ineficientes, toda a sua vida será um fracasso.

Quanto mais coisas você fizer, pior para você, se todos os seus atos forem ineficientes. Por outro lado, todo ato eficiente é um sucesso em si mesmo, e se todo ato da sua vida for eficiente, toda a sua vida DEVE ser um sucesso.

A causa do fracasso é fazer muitas coisas de maneira ineficiente e não fazer coisas suficientes de maneira eficiente.

Você verá que é uma proposição evidente que se você não praticar nenhum ato ineficiente e se praticar um número suficiente de atos eficientes, você ficará rico.

Se, agora, for possível tornar cada ato eficiente, você verá novamente que a obtenção de riquezas está reduzida a uma ciência exata, como a matemática.

A questão gira então em torno da questão de saber se é possível fazer com que cada ato separado seja um sucesso em si mesmo.

E isso você certamente pode fazer. Você pode fazer de cada ato um sucesso, porque TODO o Poder está trabalhando com você; e TODO o Poder não pode falhar.

O poder está ao seu serviço; e para tornar cada ato eficiente você basta colocar poder nisso.

Toda ação é forte ou fraca; e quando todos são fortes, você está agindo de uma certa maneira que o tornará rico. Cada ato pode se tornar forte e eficiente mantendo sua visão enquanto você o pratica e colocando todo o poder de sua FÉ e PROPÓSITO nisso.

É neste ponto que falham as pessoas que separam o poder mental da ação pessoal.

Eles usam o poder da mente em um lugar e em um momento, e agem em outro lugar e em outro momento.

Portanto, os seus atos não são bem sucedidos em si mesmos; muitos deles são ineficientes. Mas se TODO o Poder for aplicado em cada ato, por mais comum que seja, cada ato será um sucesso por si só; e como na natureza das coisas todo sucesso abre caminho para outros sucessos, o seu progresso em direção ao que você quer, e o progresso do que você quer em direção a você, se tornará cada vez mais rápido.

Lembre-se de que ações bem-sucedidas são cumulativas em seus resultados. Visto que o desejo de mais vida é inerente a todas as coisas, quando um homem começa a avançar em direção a uma vida mais ampla, mais coisas se ligam a ele e a influência do seu desejo é multiplicada. Faça, todos os dias, tudo o que você puder fazer naquele dia, e faça cada ato de maneira eficiente.

Ao dizer que você deve manter sua visão enquanto realiza cada ato, por mais trivial ou comum que seja, não quero dizer que seja sempre necessário ver a visão distintamente nos mínimos detalhes.

Deveria ser o trabalho de suas horas de lazer usar sua imaginação nos detalhes de sua visão e contemplá-los até que estejam firmemente fixados na memória.

Se você deseja resultados rápidos, gaste praticamente todo o seu tempo livre nesta prática.

Pela contemplação contínua você obterá a imagem do que deseja, até nos mínimos detalhes, tão firmemente fixada em sua mente, e tão completamente transferida para a mente da Imaginação Sem Forma, que em suas horas de trabalho você só precisa referir-se mentalmente à imagem para estimular sua fé e propósito, e fazer com que seu melhor esforço seja feito.

Contemple sua imagem em suas horas de lazer até que sua consciência esteja tão repleta dela que você possa compreendê-la instantaneamente. Você ficará tão entusiasmado com suas promessas brilhantes que o simples pensamento disso despertará as energias mais fortes de todo o seu ser.

Vamos repetir novamente o nosso programa de estudos e, alterando ligeiramente as declarações finais, levá-lo ao ponto que atingimos agora.

Existe uma matéria pensante da qual todas as coisas são feitas e que, em seu estado original, permeia, penetra e preenche os interespácios do universo.

Um pensamento, nesta substância, produz aquilo que é imaginado pelo pensamento.

O homem pode formar coisas em seu pensamento e, ao imprimir seu pensamento em uma substância informe, pode fazer com que aquilo em que ele pensa seja criado.

Para fazer isso, o homem deve passar da mente competitiva para a mente criativa; ele deve formar uma imagem mental clara das coisas que deseja e fazer, com fé e propósito, tudo o que pode ser feito todos os dias, fazendo cada coisa separada de maneira eficiente.

Entrando no negócio certo

O sucesso, em qualquer negócio específico, depende, em primeiro lugar, de você possuir, em estado bem desenvolvido, as faculdades exigidas nesse negócio.

Sem uma boa faculdade musical, ninguém pode ter sucesso como professor de música; sem faculdades mecânicas bem desenvolvidas, ninguém pode alcançar grande sucesso em qualquer ofício mecânico; sem tato e faculdades comerciais, ninguém pode ter sucesso em atividades mercantis.

Mas possuir em estado bem desenvolvido as faculdades exigidas em sua vocação específica não garante o enriquecimento. Existem músicos que têm um talento notável e que ainda assim permanecem pobres; há ferreiros, carpinteiros e assim por diante que possuem excelente habilidade mecânica, mas que não enriquecem; e há comerciantes com boas faculdades para lidar com homens que, no entanto, fracassam.

As diferentes facilidades são ferramentas; é essencial ter boas ferramentas, mas também é essencial que as ferramentas sejam utilizadas da maneira certa.

Um homem pode pegar uma serra afiada, um esquadro, uma boa plaina e assim por diante, e construir uma bela peça de mobília; outro homem pode pegar as mesmas ferramentas e começar a trabalhar para duplicar o artigo, mas sua produção será um fracasso. Ele não sabe usar boas ferramentas com sucesso.

As diversas facilidades da sua mente são as ferramentas com as quais você deve realizar o trabalho que o tornará rico; será mais fácil ter sucesso se você entrar em um negócio para o qual esteja bem equipado com ferramentas mentais.

De um modo geral, você se sairá melhor naquele negócio que usará suas facilidades mais fortes; aquele para o qual você está naturalmente "mais preparado". Mas também existem limitações para esta afirmação.

Nenhum homem deve considerar a sua vocação irrevogavelmente fixada pelas tendências com as quais nasceu.

Você pode ficar rico em QUALQUER negócio, pois se não tiver o talento certo para você desenvolver esse talento; significa apenas que você terá que criar suas ferramentas à medida que avança, em vez de se limitar ao uso daquelas com as quais nasceu.

Será mais fácil para você ter sucesso em uma vocação para a qual você já possui talentos bem desenvolvidos; mas você pode ter sucesso em qualquer vocação, pois pode desenvolver qualquer talento rudimentar, e não há talento do qual você não tenha pelo menos o rudimento.

Você ficará rico mais facilmente em termos de esforço, se fizer aquilo para o qual está mais preparado; mas você ficará rico de forma mais satisfatória se fizer aquilo que QUER fazer. Fazer o que você quer é vida; e não há nenhuma satisfação real em viver se somos compelidos a estar sempre fazendo algo que não gostamos de fazer, e nunca poderemos fazer o que queremos fazer. E é certo que você pode fazer o que quiser; o desejo de fazer isso é a prova de que você tem dentro de você o poder que pode fazer isso.

O desejo é uma manifestação de poder. O desejo de tocar música é a força que pode tocar música buscando expressão e desenvolvimento; o desejo de inventar dispositivos mecânicos é o talento mecânico que busca expressão e desenvolvimento.

Onde não há poder, desenvolvido ou não, para fazer algo, nunca há desejo de fazer aquilo; e onde há um forte desejo de fazer algo, é uma prova certa de que o poder para fazê-lo é forte e só precisa ser desenvolvido e aplicado da maneira correta.

Em igualdade de condições, é melhor selecionar o negócio para o qual você tem o talento mais desenvolvido; mas se você tem um forte desejo de se envolver em qualquer linha de trabalho específica, você deve selecionar esse trabalho como o fim último que você almeja.

Você pode fazer o que quiser, e é seu direito e privilégio seguir o negócio ou ocupação que será mais simpático e agradável.

Você não é obrigado a fazer o que não gosta e não deve fazê-lo, exceto como um meio de levá-lo a fazer o que deseja.

Se houver erros passados cujas consequências o tenham colocado em um negócio ou ambiente indesejável, poderá ser obrigado, durante algum tempo, a fazer o que não gosta; mas você pode tornar agradável fazê-lo sabendo que isso está possibilitando que você faça o que deseja fazer.

Se você acha que não está na vocação certa, não aja com muita pressa ao tentar entrar em outra. A melhor maneira, geralmente, de mudar os negócios ou o ambiente é através do crescimento.

Não tenha medo de fazer uma mudança repentina e radical se a oportunidade for apresentada e você sentir, após uma consideração cuidadosa, que é a oportunidade certa; mas nunca tome medidas repentinas ou radicais quando estiver em dúvida quanto à sabedoria de fazê-lo. Nunca há pressa no plano criativo; e não faltam oportunidades.

Quando você sair da mente competitiva entenderá que nunca precisa agir precipitadamente. Ninguém mais vai vencê-lo naquilo que você deseja fazer; há o suficiente para todos. Se um espaço for ocupado, outro e melhor será aberto para você um pouco mais adiante; há muito tempo. Quando você estiver em dúvida, espere. Recorra à contemplação da sua visão e aumente a sua fé e propósito; e sem dúvida, em momentos de dúvida e indecisão, cultive a gratidão.

Um ou dois dias passados contemplando a visão do que você deseja, e em sincero agradecimento por estar conseguindo, colocará sua mente em um relacionamento tão próximo com o Supremo que você não cometerá erros ao agir. Existe uma mente que sabe tudo o que há para saber; e você pode entrar em estreita unidade com essa mente pela fé e pelo propósito de avançar na vida, se tiver profunda gratidão.

Os erros vêm de agir precipitadamente, ou de agir com medo ou dúvida, ou no esquecimento do Motivo Correto, que é mais vida para todos e menos para ninguém.

À medida que você avança no Caminho Certo, as oportunidades surgirão em número cada vez maior; e você precisará ser muito firme em sua fé e propósito, e manter contato próximo com a Imaginação Total por meio de gratidão reverente.

Faça tudo o que puder de maneira disciplinada todos os dias, mas faça-o sem pressa, preocupação ou medo.

Vá o mais rápido que puder, mas nunca se apresse.

Lembre-se de que no momento em que você começa a se apressar você deixa de ser um criador e passa a ser um concorrente; você volta ao velho avião novamente.

Sempre que você estiver com pressa, pare; fixe sua atenção na imagem mental daquilo que você deseja e comece a agradecer por estar conseguindo. O exercício da gratidão nunca deixará de fortalecer a sua fé e renovar seu propósito.

A impressão de aumento

QUER você mude de vocação ou não, suas ações no presente devem ser aquelas pertinentes ao negócio em que você está engajado agora.

Você pode entrar no negócio que deseja fazendo uso construtivo do negócio em que já está estabelecido; fazendo seu trabalho diário de uma certa maneira.

E na medida em que o seu negócio consiste em lidar com outros homens, seja pessoalmente ou digital, o pensamento-chave de todos os seus esforços deve ser transmitir às suas mentes a impressão de crescimento.

Aumento é oque todos os homens e todas as mulheres procuram; é o impulso da Imaginação Sem Forma dentro deles, buscando uma expressão mais plena.

O desejo de crescimento é inerente a toda a natureza; é o impulso fundamental do universo.

Todas as atividades humanas baseiam-se no desejo de crescimento; as pessoas procuram mais comida, mais roupas, melhor abrigo, mais luxo, mais beleza, mais conhecimento, mais prazer – aumento em alguma coisa, mais vida.

Todos os seres vivos estão sujeitos a esta necessidade de avanço contínuo; onde o aumento da vida cessa, a dissolução e a morte se instalam ao mesmo tempo.

O homem sabe disso instintivamente e, portanto, está sempre buscando mais. Esta lei do aumento perpétuo é apresentada por Jesus na parábola dos talentos; somente aqueles que ganham mais retêm algum; daquele que não tem, até oque tem lhe será tirado.

O desejo normal de aumentar a riqueza não é algo mau ou repreensível; é simplesmente o desejo de uma vida mais abundante; é aspiração.

E porque é o instinto mais profundo da sua natureza, todos os homens e mulheres são atraídos por aquele que pode dar-lhes mais do que isso.

Ao seguir o Caminho Certo, conforme descrito nas páginas anteriores, você obtém um crescimento contínuo para si mesmo e o dá a todos com quem lida.

Você é um centro criativo, do qual o crescimento é concedido a todos.

Tenha certeza disso e transmita certeza disso a cada homem, mulher e criança com quem você entrar em contato.

Não importa quão pequena seja a transação, mesmo que seja apenas a venda de um doce para uma criança, coloque nela a ideia de aumento e certifique-se de que o cliente fique impressionado com a ideia.

Transmita a impressão de progresso em tudo oque você faz, para que todas as pessoas recebam a impressão de que você é um Homem em Avanço e de que você promove todos os que lidam com você.

Até para as pessoas que você conhece socialmente, sem pensar em negócios, e para quem você não tenta vender nada, pense em aumento.

Você pode transmitir essa impressão mantendo a fé inabalável de que você mesmo está no Caminho do Aumento; e deixando esta fé inspirar, preencher e permear cada ação.

Faça tudo oque fizer com a firme convicção de que você é uma personalidade progressista e que está proporcionando progresso a todos.

Sinta que você está ficando rico e que, ao fazê-lo, está enriquecendo outros e conferindo benefícios a todos.

Não se vanglorie ou se gabe do seu sucesso, nem fale sobre ele desnecessariamente; a verdadeira fé nunca é arrogante.

Onde quer que você encontre uma pessoa arrogante, você encontrará alguém que está secretamente em dúvida e com medo.

Simplesmente sinta a fé e deixe-a funcionar em cada transação; deixe que cada ato, tom e olhar expressem a tranquila segurança de que você está ficando rico; que você já é rico.

Não serão necessárias palavras para comunicar esse sentimento

Outra abordagem que você deve adotar é impressionar os outros de tal maneira que eles sintam que, ao se associarem a você, obterão progresso para si mesmos.

Certifique-se de proporcionar a eles um valor de uso maior do que o valor em dinheiro que você está tirando deles.

Tenha orgulho honesto em fazer isso e deixe que todos saibam; assim, você não terá falta de clientes.

As pessoas são naturalmente atraídas para onde recebem benefícios e progresso; e o Supremo, que deseja crescimento para todos e conhece todas as coisas, moverá pessoas em sua direção, mesmo aquelas que nunca ouviram falar de você.

Seu negócio crescerá rapidamente e você ficará surpreso com os benefícios inesperados que surgirão. Dia após dia, você será capaz de fazer combinações maiores, garantir vantagens maiores e avançar para uma vocação mais agradável, se desejar. Mas ao fazer tudo isso, você nunca deve perder de vista a visão do que deseja, ou a fé e o propósito de conseguir o que deseja. Deixe-me dar-lhe aqui outra palavra de cautela em relação aos motivos. Cuidado com a tentação insidiosa de buscar poder sobre outros homens.

Nada é tão agradável para a mente informe ou parcialmente desenvolvida como o exercício de poder ou domínio sobre os outros. O desejo de governar para gratificação egoísta tem sido a maldição do mundo. Por incontáveis eras, reis e senhores encharcaram a terra com sangue em suas batalhas para ampliar seus domínios; isso não para buscar mais vida para todos, mas para obter mais poder para si mesmos.

Hoje, o motivo principal no mundo empresarial e industrial é o mesmo; os homens organizam os seus exércitos de dinheiro e devastam as vidas e os corações de milhões de pessoas na mesma luta louca pelo poder sobre os outros.

Os reis comerciais, tal como os reis políticos, são inspirados pela sede de poder.

Jesus viu nesse desejo de domínio o impulso movente daquele mundo mau que Ele procurava derrubar.

Leia o capítulo 23 de Mateus e veja como Ele retrata o desejo dos fariseus de serem chamados de "Mestre", de sentar-se em lugares altos, de dominar os outros e de colocar fardos nas costas dos menos afortunados; e observe como Ele compara esse desejo de domínio com a busca fraterna do Bem Comum para a qual Ele chama Seus discípulos.

Esteja atento à tentação de buscar autoridade, de se tornar um "mestre", de ser considerado alguém que está acima do rebanho comum, de impressionar os outros com exibições pródigas, e assim por diante.

A mente que busca o domínio sobre os outros é uma mente competitiva; e a mente competitiva não é a criativa.

Para dominar o seu ambiente e o seu destino, não é de todo necessário que você governe os seus semelhantes e, de fato, quando você cai na luta do mundo pelos lugares altos, você começa a ser conquistado pelo destino e pelo ambiente, e seu enriquecimento se torna uma questão de acaso e especulação.

Cuidado com a mente competitiva!! Não se pode formular melhor declaração do princípio da ação criativa do que a declaração favorita do falecido "Rei da Regra de Ouro" Jones de Toledo: "O que quero para mim, quero para todos".

O Avanço

O que eu disse no último capítulo aplica-se tanto ao profissional e ao assalariado como ao homem que está envolvido em negócios.

Não importa se você é médico, professor ou clérigo, se você puder dar vida a outros e torná-los conscientes disso, eles se sentirão atraídos por você e você ficará rico. O médico que mantém a visão de si mesmo como um grande e bem-sucedido curador, e que trabalha para a realização completa dessa visão com fé e propósito, conforme descrito nos capítulos anteriores, entrará em contato tão próximo com a Fonte da Vida que será fenomenalmente bem-sucedido; os pacientes virão até ele em multidões.

Ninguém tem maior oportunidade de pôr em prática os ensinamentos deste livro do que o praticante da medicina; não importa a qual das várias escolas ele pertença, pois o princípio da cura é comum a todas elas e pode ser alcançado por todos igualmente. O Homem Avançado na medicina, que mantém uma imagem mental clara de si mesmo como bem-sucedido e que obedece às leis da fé, do propósito e da gratidão, curará todos os casos curáveis que empreender, não importa quais remédios ele possa usar.

No campo da religião, o mundo clama pelo clérigo que possa ensinar aos seus ouvintes a verdadeira vida abundante.

Aquele que domina os detalhes do segredo de enriquecer, juntamente com o modo de estar bem, de ser grande e de conquistar o amor, e que ensina esses detalhes do púlpito, nunca faltará uma congregação.

Este é o evangelho que o mundo precisa; dará aumento de vida, e os homens ouvirão isso com alegria e darão apoio liberal ao homem que lhes trouxer isso.

O que é necessário agora é uma demonstração da vida no púlpito. Queremos pregadores que possam não apenas nos dizer como, mas que, em suas próprias pessoas, nos mostrem como.

Nós precisamos do pregador que será rico, saudável, grande e amado, para nos ensinar como alcançar essas coisas; e quando ele vier, encontrará seguidores numerosos e leai.

A ação combinada mental e pessoal que descrevi é infalível; não pode falhar. Todo homem e mulher que seguir estas instruções com firmeza, perseverança e ao pé da letra, ficará rico.

A lei do Aumento da Vida é tão matematicamente certa em sua operação quanto a lei da gravitação; ficar rico é uma cognição exata.

O assalariado descobrirá que isto é tão verdadeiro no seu caso como em qualquer um dos outros mencionados.

Não pense que não tem oportunidade de ficar rico porque trabalha onde não há oportunidades visíveis de progresso, onde os salários são pequenos e o custo de vida alto.

Forme uma visão mental clara do que você deseja e comece a agir com fé e propósito. Faça todo o trabalho que puder, todos os dias, e cada parte do trabalho de maneira perfeitamente bem-sucedida; coloque o poder do sucesso e o propósito de ficar rico em tudo o que você faz. Mas não faça isso apenas com a ideia de bajular seu empregador, na esperança de que ele, ou aqueles que estão acima de você, vejam seu bom trabalho e o promovam; não é provável que o façam.

O homem que é apenas um "bom" trabalhador, ocupando seu lugar com o melhor de sua capacidade e satisfeito com isso, é valioso para seu empregador; e não é do interesse do empregador promovê-lo; ele vale mais onde está. Para garantir o avanço, é necessário algo mais do que ser muito grande para o seu lugar.

O homem que certamente avançará é aquele que é grande demais para o seu lugar e que tem um conceito claro do que quer ser; quem sabe que pode se tornar o que quer ser e quem está determinado a SER o que quer ser.

Não tente preencher mais do que o seu lugar atual com o objetivo de agradar ao seu empregador; faça isso com a ideia de avançar para outro emprego.

Mantenha a fé e o propósito de aumento durante o horário de trabalho, após o expediente e antes do expediente. Mantenha-o de tal maneira que todas as pessoas que entrarem em contato com você, seja um capataz, um colega de trabalho ou um conhecido social, sintam o poder do propósito irradiando de você; para que todos tenham a sensação de avanço e crescimento de você.

Existe um Poder que nunca deixa de apresentar oportunidades para o Homem Avançado que se move em obediência à lei.

Deus não pode deixar de ajudá-lo, se você agir de uma certa maneira; Ele deve fazer isso para ajudar a si mesmo.

Não há nada nas suas circunstâncias ou na situação industrial que possa detê-lo. Comece esta maneira de pensar e agir, e sua fé e propósito o farão ver rapidamente qualquer oportunidade de melhorar sua condição.

Tais oportunidades surgirão rapidamente, pois o Supremo trabalhará em Todos e trabalhará para você, trazendo-as diante de você. Não espere uma oportunidade para ser tudo o que você deseja; quando uma oportunidade de ser mais do que você é agora for apresentada e você se sentir impelido a isso, aproveite-a.

Será o primeiro passo em direção a uma oportunidade maior. Não existe tal coisa possível neste universo como a falta de oportunidades para o homem que está vivendo uma vida progressiva.

É inerente à constituição do cosmos que todas as coisas sejam para ele e trabalhem juntas para o seu bem; e ele certamente ficará rico se agir e pensar da certa maneira.

Portanto, que homens e mulheres estudem este livro com grande cuidado e adotem com confiança o curso de ação que ele prescreve; não falhará.

Observações Importantes

MUITAS pessoas zombarão da ideia de que existe um segredo para enriquecer; mantendo a impressão de que a oferta de riqueza é limitada, insistirão que as instituições sociais e governamentais devem ser alteradas antes mesmo que um número considerável de pessoas possa adquirir uma competência, mas isso não é verdade.

É verdade que os governos existentes mantêm as massas na pobreza, mas isso acontece porque as massas não pensam e agem de uma certa maneira.

Se as massas começarem a avançar como sugerido neste livro, nem os governos nem os sistemas industriais poderão impedi-las; todos os sistemas devem ser modificados para acomodar o movimento para frente.

Se as pessoas tiverem a Mente Avançante, tiverem a Fé de que podem enriquecer e avançarem com o propósito fixo de enriquecerem, nada poderá mantê-las na pobreza. Os indivíduos podem entrar no Caminho Certo a qualquer momento, e sob qualquer governo, e enriquecer; e quando um número considerável de indivíduos o fizerem sob qualquer governo, farão com que o sistema seja modificado de modo a abrir o caminho para outros.

Quanto mais homens enriquecerem no plano competitivo, pior para os outros; quanto mais enriquecerem no plano criativo, melhor para os outros.

A salvação econômica das massas só pode ser obtida fazendo com que um grande número de pessoas usem o método estabelecido aqui e se tornem ricos.

Estes mostrarão o caminho aos outros e transmitir ao desejo pela vida real, a fé de que pode ser alcançada e o propósito de alcançá-la.

Por enquanto, porém, basta saber que nem o governo sob o qual você vive, nem o sistema industrial capitalista ou competitivo podem impedi-lo de enriquecer.

Quando você entrar no plano criativo do pensamento, você se elevará acima de todas essas coisas e se tornará cidadão de outro reino. Mas lembre-se de que o seu pensamento deve ser mantido no plano criativo; você nunca será levado a considerar a oferta como limitada, nem por um instante, ou a agir no nível moral da competição.

Sempre que você cair em velhos modos de pensar, corrija-se instantaneamente; pois quando você está na mente competitiva, você perdeu a cooperação da Mente do Todo.

Não percam tempo a planejar a forma como irão enfrentar possíveis emergências no futuro, exceto quando as políticas necessárias possam afetar as vossas ações hoje. Você está preocupado em fazer o trabalho de hoje de maneira perfeitamente bem-sucedida, e não com emergências que possam surgir amanhã; você pode atendê-los quando eles vierem. Não se preocupe com questões sobre como superará os obstáculos que possam surgir no horizonte do seu negócio, a menos que você possa ver claramente que seu curso deve ser alterado hoje para evitá-los.

Não importa quão tremenda uma obstrução possa parecer à distância, você descobrirá que, se prosseguir no caminho certo, ela desaparecerá à medida que você se aproximar dela, ou que aparecerá um caminho acima, através ou ao redor dela. Nenhuma combinação possível de circunstâncias pode derrotar um homem ou uma mulher que pretende enriquecer segundo linhas estritamente científicas. Nenhum homem ou mulher que obedece à lei pode deixar de enriquecer, assim como ninguém pode multiplicar dois por dois e não conseguir quatro. Não pense ansiosamente em possíveis desastres, obstáculos, pânico ou combinações desfavoráveis de circunstâncias; é tempo suficiente para enfrentar tais coisas quando elas se apresentam diante de você no presente imediato, e você descobrirá que cada a dificuldade traz consigo os meios para sua superação.

Guarde seu discurso. Nunca fale de você, de seus assuntos ou de qualquer outra coisa de uma forma desencorajada ou desanimadora. Nunca admita a possibilidade de fracasso, nem fale de uma forma que infira o fracasso como uma possibilidade.

Nunca fale dos tempos como difíceis ou das condições de negócios como duvidosas. Os tempos podem ser difíceis e os negócios duvidosos para aqueles que estão no plano competitivo, mas nunca poderão ser assim para você; você pode criar o que quiser e está acima do medo.

Quando outros estão passando por momentos difíceis e negócios ruins, você encontrará suas maiores oportunidades.

Treine-se para pensar e olhar para o mundo como algo que está se tornando, que está crescendo; e considerar o que parece mau como sendo apenas aquilo que não é desenvolvido.

Sempre fale em termos de avanço; fazer o contrário é negar a sua fé, e negar a sua fé é perdê-la. Nunca se permita sentir-se desapontado.

Você pode esperar ter uma certa coisa em um determinado momento e não conseguir naquele momento; e isso lhe parecerá um fracasso.

Mas se você mantiver a sua fé, descobrirá que o fracasso é apenas aparente. Prossiga no caminho certo e, se não receber essa coisa, receberá algo tão melhor que verá que o aparente fracasso foi, na verdade, um grande sucesso.

Um rapaz decidiu fazer uma certa combinação de negócios que lhe pareceu na época muito desejável, e trabalhou durante algumas semanas para realizá-la.

Quando chegou o momento crucial, a coisa falhou de uma forma perfeitamente inexplicável; era como se alguma influência invisível estivesse trabalhando secretamente contra ele. Ele não ficou desapontado; pelo contrário, ele agradeceu a Deus por seu desejo ter sido anulado e prosseguiu com firmeza e gratidão. Em algumas semanas, uma oportunidade tão melhor surgiu em seu caminho que ele não teria feito o primeiro negócio de forma alguma; e ele viu que uma Mente que sabia mais do que ele o havia impedido de perder o bem maior ao enredar-se no menor.

É assim que todo fracasso aparente funcionará para você, se você mantiver a fé, se apegar ao seu propósito, tiver gratidão e fizer, todos os dias, tudo o que pode ser feito naquele dia, realizando cada ato individual de maneira bem-sucedida. Quando você falha, é porque não pediu o suficiente; continue, e uma coisa maior do que você estava procurando certamente virá até você. Lembre-se disso.

Você não falhará porque não tem o talento necessário para fazer o que deseja. Se você continuar como orientei, desenvolverá todo o talento necessário para a realização de seu trabalho. Não está no escopo deste livro tratar da ciência do cultivo de talentos; mas é tão certo e simples quanto o processo de enriquecimento.

No entanto, não hesite ou vacile por medo de que, quando chegar a um determinado lugar, fracasse por falta de habilidade; continue em frente, e quando você chegar a esse lugar, a habilidade será fornecida a você. A mesma fonte de habilidade que permitiu ao ignorante Lincoln realizar o maior trabalho governamental já realizado por um único homem está aberta a você; você pode recorrer a toda a mente que existe para usar a sabedoria no cumprimento das responsabilidades que lhe são impostas. Vá em frente com plena fé.

Estude este livro. Faça dele seu companheiro constante até dominar todas as ideias nele contidas.

Enquanto você estiver firmemente estabelecido nesta fé, fará bem em desistir da maioria das recreações e prazeres; e ficar longe de lugares onde ideias conflitantes com estas sejam apresentadas em palestras ou sermões.

Não leia literatura pessimista ou conflitante, nem entre em discussões sobre o assunto.

Passe a maior parte do seu tempo contemplando sua visão, cultivando a gratidão e lendo este livro.

Ele contém tudo o que você precisa saber sobre a prosperidade e você encontrará todos os fundamentos resumidos no capítulo seguinte.

O Segredo para a Prosperidade

Existe uma matéria pensante da qual todas as coisas são feitas e que, em seu estado original, permeia, penetra e preenche os interespaços do universo.

Um pensamento nesta substância produz aquilo que é imaginado pelo pensamento. O homem pode formar coisas em seu pensamento e, ao imprimir seu pensamento em uma substância informe, pode fazer com que aquilo em que ele pensa seja criado.

Para fazer isso, o homem deve passar da mente competitiva para a mente criativa; caso contrário, ele não poderá estar em harmonia com a Imaginação Sem Forma, que é sempre criativa e nunca competitiva em espírito.

O homem pode entrar em plena harmonia com a Imaginação Sem Forma nutrindo uma gratidão viva e sincera pelas bênçãos que ela lhe concede. A gratidão unifica a mente do homem com a inteligência da matéria, de modo que os pensamentos do homem são recebidos pelo Pensamento Sem Forma. O homem só pode permanecer no plano criativo unindo-se à Imaginação Sem Forma através de um sentimento profundo e contínuo de gratidão.

O homem deve formar uma imagem mental clara e definida das coisas que deseja ter, fazer ou tornar-se; e ele deve manter essa imagem mental em seus pensamentos, ao mesmo tempo que fica profundamente grato ao Supremo por todos os seus desejos lhe serem concedidos.

O homem que deseja ficar rico deve passar suas horas de lazer contemplando sua Visão e agradecendo sinceramente porque a realidade está sendo dada a ele.

 Não se pode dar muita ênfase à importância da contemplação frequente da imagem mental, aliada à fé inabalável e à gratidão devota. Este é o processo pelo qual a impressão é dada ao Sem Forma e as forças criativas são postas em movimento.

A energia criativa funciona através dos canais estabelecidos do crescimento natural e da ordem industrial e social. Tudo o que está incluído na sua imagem mental certamente será levado ao homem que segue as instruções dadas acima e cuja fé não vacila.

Para receber o que lhe é próprio quando lhe for concedido, o homem deve ser ativo; e esta atividade só pode consistir em mais do que preencher o seu lugar atual.

Ele deve ter em mente o Propósito de enriquecer através da realização de sua imagem mental. E ele deve fazer, todos os dias, tudo o que puder ser feito naquele dia, cuidando para realizar cada ato com sucesso.

Ele deve dar a cada homem um valor de uso superior ao valor em dinheiro que recebe, de modo que cada transação gere mais vida; e ele deve manter o Pensamento Avançado de tal maneira que a impressão de crescimento seja comunicada a todos com quem ele entrar em contato.

Os homens e mulheres que praticarem as instruções acima certamente enriquecerão; e as riquezas que receberão estarão na proporção exata da definição de sua visão, da firmeza de seu propósito, da firmeza de sua fé e da profundidade de sua gratidão.

Ao chegarmos ao encerramento deste último capítulo, você concluiu uma jornada pelo segredo da Riqueza.

Cada palavra impressa é um mapa que guia você por uma terra de possibilidades infinitas, uma exploração das leis universais que regem a verdadeira prosperidade.

Este capítulo não é apenas uma despedida, mas uma transição para uma nova fase em sua busca pela riqueza.

Compreendemos agora que a riqueza não é uma conquista isolada, mas um estilo de vida enraizado na compreensão da abundância e na aplicação consistente dos princípios da prosperidade.

Ao fechar este capítulo, convido você a carregar consigo não apenas as palavras escritas, mas a essência pulsante da prosperidade.

A verdadeira riqueza não é apenas acumular riquezas materiais, mas tornar-se alguém capaz de atrair e apreciar a abundância em todas as suas formas.

Avance com a certeza de que cada passo nesta jornada é uma contribuição para a construção da vida abundante que você busca.

O conhecimento acumulado ao longo destas palavras é mais do que um conjunto de ideias; é um chamado à ação, um convite para moldar ativamente a sua jornada financeira.

Este encerramento não é o fim, mas sim um ponto de partida para a aplicação prática dos princípios que agora residem em seu entendimento.

Cada parágrafo, cada conceito, é um catalisador para a mudança, uma faísca que acende a chama da transformação interior.

Ao fechar este capítulo, permita-se refletir sobre como esses princípios ressoam com a sua jornada pessoal em busca da riqueza.

A riqueza, agora compreendida não apenas como um estado material, mas como uma expressão de quem você é e da contribuição que você pode oferecer ao mundo.

Leve consigo não apenas o conhecimento adquirido, mas o compromisso de viver cada dia como um cocriador consciente do seu próprio enriquecimento.

Sua jornada rumo à riqueza é única, e este livro é apenas um guia, uma ferramenta em suas mãos.

Que ele seja uma fonte constante de inspiração e um lembrete de que, ao aplicar o segredo da riqueza descoberto por Gabriel Beirigo, você está trilhando um caminho que transcende a mera aquisição da abundância

Avance com confiança, com a certeza de que cada passo o aproxima da realização de seus mais elevados ideais de prosperidade.

Seu futuro financeiro é um livro em branco pronto para ser escrito com as suas escolhas e ações conscientes.

Continue a escrever a sua história de riqueza.

Cada palavra absorvida é uma semente plantada no solo fértil da sua consciência, pronta para germinar em uma jornada de enriquecimento autêntico.

Este não é apenas um ponto final; é um convite a continuar sua exploração dos princípios que aqui encontrou.

Ao fechar este capítulo, convido-o a levar consigo não apenas o conhecimento, mas o compromisso de viver cada dia como um ato de criação consciente.

Cada escolha, cada pensamento, é uma oportunidade para alinhar-se com a prosperidade e para contribuir com a riqueza do mundo.

Lembre-se de que este livro é uma ferramenta, e você é o arquiteto da sua riqueza.

Cada ação, cada decisão, é um tijolo na construção da vida abundante que você busca.

Avance com confiança, sabendo que a riqueza autêntica não é apenas um destino, mas uma jornada cheia de descobertas.

Ao atingir a última página deste capítulo transformador, você concluiu uma jornada através dos princípios profundos do Segredo da Riqueza.

Este não é apenas o fim de um capítulo; é o início de uma narrativa onde você é o autor, esculpindo sua própria história de prosperidade.

Ao fechar este livro, lembre-se de que a verdadeira riqueza é mais do que um saldo bancário robusto; é a expressão externa de um estado interior de consciência.

Cada palavra que agora habita sua mente é uma peça do quebra-cabeça que forma a imagem da sua própria jornada de enriquecimento.

Não veja este como um ponto final, mas sim como um ponto de partida para a aplicação prática dos ensinamentos aqui encontrados.

Ao fechar este capítulo, carregue consigo não apenas conhecimento, mas a responsabilidade de viver cada dia com propósito e alinhado com os princípios da abundância.

Nos próximos capítulos da sua vida, prepare-se para explorar os desdobramentos e as nuances mais ricas que a aplicação contínua desses princípios proporcionará. Este livro é mais do que uma leitura; é um guia para uma vida de prosperidade autêntica.

Que este seja um ponto de partida para uma jornada de enriquecimento contínuo.

Sua história financeira é uma tela em branco, e as próximas páginas estão prontas para serem preenchidas com a tinta das suas escolhas conscientes.

Continue a escrever, a viver e a prosperar, pois o segredo da riqueza está agora em suas mãos.

www.ingramcontent.com/pod-product-compliance
Lightning Source LLC
Chambersburg PA
CBHW020523290526
45786CB00002B/733